Ulf Annel

111 Orte in und um Weimar, die man gesehen haben muss

Mit Fotografien von Juliane Annel

emons:

Allen, die uns ihre Lieblingsorte verraten haben

Bibliografische Information der Deutschen Nationalbibliothek
Die Deutsche Nationalbibliothek verzeichnet diese Publikation in der Deutschen Nationalbibliografie; detaillierte bibliografische Daten sind im Internet über http://dnb.d-nb.de abrufbar.

MIX
Papier aus verantwortungsvollen Quellen
FSC® C010135
FSC
www.fsc.org

Gestaltung: Eva Kraskes, nach einem Konzept
von Lübbeke | Naumann | Thoben
Kartografie: altancicek.design, www.altancicek.de
Kartenbasisinformationen aus Openstreetmap,

Druck und Bindung: B.O.S.S Druck und Medien GmbH, Goch
Printed in Germany 2013
ISBN 978-3-95451-201-0
Originalausgabe

Vorwort

Weimar ist einfach – einfach toll. Welche Ausstrahlung diese Stadt hat! Aus der ganzen Welt kommen die Touristen, um teilzuhaben an der Aura des Vergangenen und Vergänglichen.

Und die Weimarer? Die sind auch einfach: einfach ein bisschen stolz auf ihre Vormieter. Aber für die Einheimischen ist es nicht immer einfach. Schon in den 20er Jahren fand Wahl-Weimarer Friedrich Lienhard, ein damals viel gelesener Schriftsteller, Weimar sei einfach nicht mehr das, was es mal war, »da die Musen verschwunden sind und nur das Museum geblieben ist«. Na, ganz so einfach sollte man es sich nicht machen. Zwar ist die Stadt an der Ilm, wie »Die Zeit« schrieb, Deutschlands Museumshauptstadt. Pro Einwohnerkopf gäbe es hier die höchste Museumsdichte. Aber es ist einfach grandios, wie dieses vergleichsweise kleine Gemeinwesen immer wieder Lebendigkeit hervorbringt. Hier ist es wirklich ganz einfach, täglich Musik, Theater, Kleinkunst zu genießen, Museen und Galerien zu besuchen. Es gibt einfach alles.

Die Weimarer müssen hier leben und arbeiten, wo andere Kultururlaub machen. Auch nicht immer einfach. Aber alle haben alle Möglichkeiten, sich ihre – wie ein Weimarer sagte – bei aller Beschaulichkeit sehr direkte Stadt zu erobern. Einfach losgehen, durch Weimar flanieren, Schritt für Schritt Erstaunliches, Überraschendes, Fröhliches, Ernstes, Skurriles zur Kenntnis nehmen. Und wenn man dann noch in den Kreis Weimarer Land ausschwärmt, kommt man aus dem Schwärmen nicht mehr raus. Uns gegenüber haben einige bekannte und weniger bekannte Hiesige ihre Lieblingsorte offenbart. Wir haben unsere früheren und heutigen Entdeckungen in Weimar und dem Weimarer Land dazugetan, und schnell waren 111 Orte zusammen, die man gesehen haben muss.

Sie müssen nicht, aber Sie können sich einfach auch dorthin begeben und rätseln, wer uns wohl welchen Ort empfohlen haben könnte. Wir verraten aber nichts, in diesem Punkt sind wir einfach still.

111 Orte

WE
WE IB
WE IN
WE RT

1 Der alte Dorfsaal Ulla

Eine große Menge Gerettetes

Der Titel der Veranstaltungsreihe im »Alten Dorfsaal« klingt ein kleines bisschen größenwahnsinnig: »Die Welt in Ulla«. Gemeint ist aber nur, dass auch die Hiesigen Lust, Laune und Angebote haben, über den dörflichen Tellerrand hinauszuschauen. Die Welt beginnt vor der Haustür. Ab und an wird die Haustür geöffnet. Dann steht die deutsch-finnische Gesellschaft im Saal oder japanische Ikebana-Spezialisten im Garten nebenan, dann liest ein deutscher Schriftsteller Reportagen über seine Erlebnisse in China, oder ein neuer Kronkorken aus Aserbaidschan wandert an die Sammelwand.

Der Hausherr ist ein Sammler alter Dinge, die punktgenau im »Alten Dorfsaal« landen. Alles original, oft noch verschlossen wie am Herstellungstag: die Mineralwasserflasche von 1910, das Billett für die Pferdebahn von 1905, eine Tanzkarte, Heftpflaster und Verbandszeug aus Kaisers Zeiten, die Zündhölzer in der ovalen Sperrholzschachtel, die Zigaretten und Zigarren mit den ulkigen Nachkriegsnamen. Die Wände hängen voll alter Straßenschilder, Zeitungen, Fotos (unter anderem Originalfotos von Louis Held – siehe Seite 78), Handwerks- und Bürokratenzeug. Die schwarz-gold-rote Fahne mit dem Weimar-Wappen hat schon einige Besucher irritiert. Und hier hängt ein Spiegel aus dem Wohnungsflur von Karl-Eduard von Schnitzler. Echt wirklich von Sudel-Ede! Die Geschichte, wie der Spiegel nach Ulla kam, erzählt der Hausherr, und 100 andere obendrauf.

Die Ullaer sahen es mit Freude, dass ihr alter Dorfsaal, Treffpunkt ihrer Jugend, vor dem Verfall gerettet und neu belebt wurde. Nach anfänglichem Fernschnuppern haben sie sich schnell an das neue Alte beziehungsweise alte Neue gewöhnt. So wie sie sich auch schnell das ehemalige Militärgelände – hier war jahrzehntelang ein russischer Hubschrauberlandeplatz – zurückerobert haben. Auch wenn die Tiere schneller waren. Hier sagen sich Fuchs und Reh »Guten Tag!«.

Adresse Im Dorfe 5, 99428 Nohra-Ulla | **ÖPNV** Bahnbus bis Ulla, Bahnhof Nohra, dann zu Fuß in den Ort | **Anfahrt** von Weimar über Erfurter Straße (B 7) bis Abzweig Ulla nach rechts, Hauptstraße folgen | **Öffnungszeiten** zu den Veranstaltungen und auf Anmeldung, Tel. 0173/1941876 | **Tipp** An der Kirche steht eine Gedenkstele für den gebürtigen Ullaer Wilhelm M. L. de Wette; der starb als Schweizer Staatsbürger hoch angesehen in Basel, wo eine Straße nach ihm benannt ist.

2 Alte Mühle Tiefurt

Rentner haben niemals Zeit

Man findet vielleicht ein einfach gestaltetes Faltblatt, farbiges Papier mit Veranstaltungshinweisen. Oder man bekommt eine Mail von der Literarischen Gesellschaft Thüringen, einem der rührigen und stellenweise hyperaktiven Literaturvereine im grünherzigen Bundesland. Dann liest man: »WIR: Wohnen im Ruhestand«. Das kollektivistische »Wir« klingt nach möglicherweise überwundener Einsamkeit, nach Geselligkeit, nach Gruppenfreude. Das ist alles richtig. Aber »Ruhestand« ist die blanke Ironie. Was die Leute, die hier gemeinsam wohnen, alles organisieren, das leistet in Menge und Qualität auch keine vergleichbar große Künstleragentur besser. Zentrum des Ganzen ist das Kammergut – Begegnungsort mit Restaurant, Gartencafé, Veranstaltungsräumen und kommunalen Notwendigkeiten wie Feuerwehr und Kita.

WIR e. V. hat es geschafft, Ruheständler und Aktivdörfler zu guten Nachbarn werden zu lassen. Und es kommt zusätzlich Leben ins Dorf, wenn Publikum anrückt. Im Juli und August findet regelmäßig das »Sommertheater Weimar-Tiefurt« statt. Aber nicht eine Theatertruppe, viele sind es, die durch ihre Auftritte einen abwechslungsreichen Spielplan füllen. Gäste nehmen lange Anfahrtswege auf sich, um dabei zu sein. Theaterbekleidung gehobener Art ist in der ländlichen Idylle nicht nötig. Also Theater-geh-Gesicht entkrampfen und sich ungezwungener als sonst geben! In lockerer Runde hat hier schon Schiller open air performt. Es gibt einen Bildbeweis.

Wachsender Beliebtheit erfreuen sich die ganzjährig stattfindenden »Tiefurter Montagsmusiken« in der Christophorus-Kirche. Und in kühleren Jahreszeiten wird in den Veranstaltungssaal der »Alten Mühle« zu Lesungen am Kamin eingeladen. Das Feuer prasselt angenehm und wärmt den Lesenden gehörig die Rückseite. Alle Veranstaltungen sind, man muss das noch einmal betonen, öffentlich, die Eintrittspreise sehr studentenportemonnaie-freundlich.

Adresse Alte Mühle, Hauptstraße 19a, 99425 Weimar-Tiefurt | **ÖPNV** Bus Linie 3, Haltestelle Tiefurt Friedensplatz oder Schloss | **Anfahrt** stadtauswärts über Eduard-Rosenthal-Straße, Am Ilmhang bis Hauptstraße | **Öffnungszeiten** nur zu den Veranstaltungen | **Tipp** Im Schlosspark Tiefurt steht das erste Mozart-Denkmal, das außerhalb Österreichs errichtet wurde. 1799 eingeweiht, ein Auftrag der Herzogin Anna Amalia.

3 Das »Alt-Weimar«

U und E gastronomisch vereinigt

Kunstinteressierte werden oft in den angeblichen Zwiespalt zwischen unterhaltsamer und sogenannter ernster Kunst hineingezogen. Christian Morgenstern, einen der deutschen Kabarettväter, zwiespaltete es zeitlebens. Es sind gerade die unterhaltsamen Palmström- und Korf-Gedichte sowie die skurrilen »Galgenlieder«, die den ansonsten tieferns dichtenden Morgenstern in unserem Gedächtnis halten. Ebenjener Morgenstern war Fan von Rudolf Steiner, reiste dem Anthroposophen und Erfinder der Waldorfschul-Pädagogik und frühen Verfechter des Ökolandbaus zu Vorträgen durch ganz Deutschland hinterher. Was der 1914 gestorbene Morgenstern nicht mehr hörte, was Tucholsky und andere scharf kritisierten, was die aufkommenden Faschisten gern übernahmen, waren Steiners Rassentheorien.

Und wo hat Rudolf Steiner zwei seiner wichtigsten Bücher – »Philosophie der Freiheit« und »Wahrheit und Wissenschaft« – geschrieben? In Weimar. Steiner war hier 1890 im Goethe- und Schiller-Archiv angestellt. Seine Arbeit als Herausgeber von Goethes naturwissenschaftlichen Schriften wurde anfangs sehr gelobt. Dann hagelte es vernichtende Kritik, weil Steiner immer mehr Steiner in Goethe hineininterpretierte.

Wer heute im Restaurant »Alt-Weimar« gut isst und trinkt, sitzt in Steiners Weimarer Mietwohnung. Die Vermieterin war Anna Eunike, Witwe eines Kapitäns, die nach fast jedem Landgang des Seemannes ein Kind zur Welt brachte. Fünf insgesamt. Frau Eunike kümmerte sich hingebungsvoll um Rudolf Steiner. Der bekam zunächst Zugriff auf die gut gefüllte Privatbibliothek, später auch auf die Dame des Hauses. Das Wilde an der Ehe wurde nach dem Umzug in die Reichshauptstadt Berlin in standesamtliche Bahnen gelenkt.

Im Haus Prellerstraße 2 eröffnete 1909 das Restaurant »Alt-Weimar«, schnell ein Treffpunkt der Weimarer U- und E-Künstler. Nach der Wende kabarettlten hier zeitweilig ein paar Morgenstern-Erben.

Adresse Hotel Restaurant »Alt-Weimar«, Prellerstraße 2, 99423 Weimar | ÖPNV Stadtbus 1, 2, 5 oder 8 bis Haltestelle Gropiusstraße, dann rechts in die Steubenstraße | Anfahrt vom Goetheplatz über Heinrich-Heine-Straße, Gropiusstraße, dann rechts in die Steubenstraße | Öffnungszeiten täglich 17–23 Uhr; Sa, So und an Feiertagen zusätzlich 12–14 Uhr | Tipp An lauen Sommerabenden kann man unter dem Ginkgo auf der Gartenterrasse des »Alt-Weimar« sitzen. Und am nächsten Tag vielleicht einen kleinen Abstecher ins Ginkgo-Museum mit Ginkgo-Shop am Markt machen.

4 Am Horn 39

Etwas über wilhelminischen Feminismus

Am Horn war und ist viel los. Schließlich steht hier Weltkulturerbe – das Haus Am Horn 61, das einzige (na ja, siehe Seite 96) Bauhaus-Gebäude in Weimar. Ziemlich unbeachtet bleibt dagegen immer das Haus Am Horn 39. Nach dem Bauherren und Rentier Friedrich Specht wird es Haus Specht genannt.

Von 1933 bis zu ihrem Tod 1941 lebte hier die Schriftstellerin Gabriele Reuter. 1895 hatte die in Ägypten geborene Reuter einen Bestseller geschrieben: »Aus guter Familie – Leidensgeschichte eines Mädchens«. Das Buch verkaufte sich bis 1931 in 28 Auflagen. Es ist eines der ersten Werke aus weiblicher Feder, das konsequent modern, also realistisch, ja naturalistisch geschrieben war. Und Reuter ließ weitere Bestseller folgen. Ihre Bücher riefen rege frauenrechtliche Debatten hervor, was zum Verkaufserfolg beitrug. Selbst Mutter eines unehelichen Kindes, löste sie 1908 mit ihrem Roman »Das Tränenhaus« einen ordentlichen Skandal aus, weil sie gewagt hatte, auf recht drastische Weise die Zustände in einem Haus für ledig Gebärende zu schildern. Sie war bald, heute würde man sagen, gut vernetzt mit anderen Künstlern, zumeist Schriftstellern: mit Ibsen, Hauptmann, Hartleben, Steiner und, viel wichtiger, mit dem Verleger Samuel Fischer.

Ihr Leben schien zunächst in eine ganz andere Richtung zu laufen. Der Vater starb früh. Durch Betrug verlor die Familie ihr gesamtes Vermögen. Die Mutter wurde depressiv. Die Tochter Gabriele schaffte es, die Familie mit Romanschreiberei durchzubringen. Zunächst konventionelle Sachen mit viel Exotik. Das kam an. Aber kometenhaft war ihr Aufstieg als »Dichterin der weiblichen Seele«, wie sie damals genannt wurde.

In den 20er Jahren schrieb sie auch Kolumnen für die »Neue Freie Presse« Wien und die »New York Times«. Der Nachlass von Gabriele Reuter befindet sich im Goethe- und Schiller-Archiv. Ihre Bücher werden eigentlich nicht mehr gelesen.

Adresse Am Horn 39, 99425 Weimar | ÖPNV Bus Linie 2, Haltestelle Eduard-Mörike-Straße, zu Fuß durch die Eduard-Mörike-Straße bis Am Horn | Anfahrt am Kegelplatz über die Brücke, rechts in die Hans-Wahl-Straße, die geht in Am Horn über | Tipp Nur wenige Meter entfernt, Am Horn 53, wohnte der unvergleichliche Paul Klee, der hervorragend zeichnen konnte, aber dann anders wollte. Ein Farbartist!

5 Das »Anastasia«

Geschmacksknospen blühen auf

Viele berühmte Thüringer sind zugezogen. Zwei der berühmtesten Beispiele: der schwäbische Politflüchtling und der aus Main-Frankfurt stammende Geheimrat. Auf Goethes Spuren kam auch ein anderer »Frankfurter Jung« in die Klassikerstadt an der Ilm. Der hatte schon mit zwölf seine erste Kochschürze in der gutbürgerlichen elterlichen Gaststätte umgebunden. Richtung Weimar kochte er sich über Stockholm, Stuttgart, Südfrankreich, Kitzbühel, Berlin, Hamburg, Rottach-Egern und Sylt. Zwischendurch war er schon einmal angestellter Chefkoch des Restaurants »Anastasia«.

2009 wurden ihm die historischen Räume und die große Küche zur Pacht angeboten. Seitdem bereitet der Mann hier Gaumenfreuden von hoher Güte zu. 14 Punkte im »Gault Millau« sind doch ganz erfreulich. Der Restaurantkritiker vermerkte zum Ambiente: »Höfische Atmosphäre, gediegene Eleganz im klassischen Stil.«

Das »Anastasia« ist Teil des Hotels »Russischer Hof«, ein Haus mit großer Vergangenheit und nicht minder großer Gegenwart. Darum Grandhotel. Groß ist und isst man hier, wie die illustren Größen einst: Goethe natürlich, Liszt, Clara und Robert Schumann, Wagner, Thomas Mann. Die Reihe setzt sich fort bis in die Gegenwart. Diesen oder jenen der 50 Plätze im Restaurant nehmen nicht selten Prominente ein. Aber mittlerweile haben auch die Weimarer das Restaurant für sich entdeckt. Die Schwellenangst ist gewichen. Der Herr der Töpfe und Pfannen hatte auf einem Extra-Eingang bestanden, damit die Einheimischen nicht den Weg durch die Hotellobby nehmen müssen.

Ausruhen kann sich der Spitzenkoch aber nicht, auch nicht auf seinen Lorbeeren. Die Küchenkunst-Konkurrenz ist groß. Weitere Meister ihres Faches schwingen in Weimar Kochlöffel und Tranchiermesser. Gemeinsam und doch im Wettbewerb tun sie das einmal jährlich beim »Großen Gourmetpreis Thüringens«. Die »Anastasia«-Gäste sind ganzjährig begeistert.

Adresse Goetheplatz 2, 99423 Weimar | **ÖPNV** Am Goetheplatz halten eigentlich alle Busse | **Öffnungszeiten** Di–So 18–23 Uhr, Küchenschluss 22 Uhr, Tischreservierung wird empfohlen, Tel. 03643/774814 | **Tipp** Zum Weiterschlemmen: Das Erfurter »Alboth's« zog ins Weimarer Romantikhotel Dorotheenhof um; Gourmetrestaurant mit Kochschule plus Wohnen in traumhafter Lage.

6 Das Atelierhaus

Individualisten können auch gemeinsam

Für einen Ort wie Weimar ist das hier schon Peripherie. So jedenfalls formulierte es eine regionale Zeitung in einem Artikel über den »Tag des offenen Ateliers«. Diesen Tag gibt es seit 1996, immer am zweiten September-Wochenende. Der erste fand im »Städtischen Atelierhaus« statt. Mittlerweile beteiligen sich jedes Mal, verteilt über die ganze Stadt, über 100 Weimarer Künstler.

Bezahlbarer Atelierraum ist knapp. Das war schon immer so. Darum legten elf ehemalige Schüler der Großherzoglichen Kunstschule ihr Erspartes zusammen und stellten einen Bauantrag für ein Atelierhaus ganz nach ihren Vorstellungen. Mitten ins Grüne wurde das Gemeinschaftsprojekt 1904/05 gesetzt und ist damit eines der ältesten seiner Art in Deutschland.

Eine Straße gab es noch nicht. Festes Schuhwerk war vonnöten, um ins Kreativhaus zu Staffeleien und Druckmaschinen zu gelangen. Auch Bildhauer und eine Weberin gehören zur langen Liste derer, die hier arbeiteten und es ganz aktuell tun. Denn die Stadt hat nicht nur Mitte der 90er Jahre das Haus sanieren lassen (einiges an Jugendstil-Wandschmuck war nicht mehr zu retten, aber seitdem gibt es hier keine Plumpsklos mehr), sondern auch ein internationales Atelierprogramm initiiert, die Landesregierung legt immer ein paar Euro dazu. Ein Atelier mit Appartementwohnung steht in der Karl-Haußknecht-Straße zur Verfügung. Über studioprogram@acc-weimar.de kann man sich bewerben und auf begrenzte Zeit einziehen. Auch die zehn anderen Ateliers sind belegt. Weimars Kunstszene ist lebendig und nicht gerade unbedeutend. Der alte, per Hand betriebene Lastenaufzug im Haus, mit dem man großformatige Bilder vom oberen Stockwerk nach unten befördern kann, quietscht erfreulich oft.

Wer Landschaftsgrafik und Thüringen liebt, kennt Otto Paetz. Kaum einer hat diesen Landstrich so gut ins Bild gesetzt wie er. Sein künstlerischer Nachlass wird hier gepflegt.

Adresse Karl-Haußknecht-Straße 21, 99423 Weimar | **ÖPNV** Bus Linie 5, Haltestelle Karl-Haußknecht-Straße | **Anfahrt** Trierer Straße (Stadtring B 85), Am Poseckschen Garten, rechts in die Karl-Haußknecht-Straße | **Öffnungszeiten** Besuche nach Vereinbarung oder einfach mal klingeln | **Tipp** Das ehemalige »Arbeitshaus« Karl-Haußknecht-Straße 19: Hier wurden ab 1875 Arme, Waisen, Bettler und Behinderte nach dem Motto »Wer nicht arbeitet, soll auch nicht essen« zu wirtschaftlich verwertbaren Untertanen umerzogen. Heute ein Pflegeheim.

7 Das Bachhaus Weimar

Eine Vision von Vergangenheit

Thüringen ist Bach-Land. Weimar eine Johann-Sebastian-Bach-Stadt. Weimar und Bach, gibt es da einen Beweis? Kann man etwas sehen, anfassen? Begreifen – im doppelten Wortsinn. Leider ist da nur noch ein Keller. Aber auf diesem unterirdischen Bach-Ort bauen einige Unentwegte eine Hoffnung auf. Entwürfe sind schon gezeichnet, wie das »Neue Bachhaus Weimar« aussehen könnte. Platz ist ja hinter der Mauer, an der die Gedenktafel hängt.

Wenn man bedenkt, dass sechs Kinder Bachs in Weimar geboren wurden, dann muss er mehrere Jahre hier gewesen sein. Juli 1708 bis Dezember 1717. Vorgeschaltet war übrigens eine Stippvisite 1703 als »HoffMusicus in Weymar bei Johann Ernsten«, der Junggeselle verdiente sich als geigender Musik-»Lakai« sein Geld. Die zweite Weimarer Periode – während der er ab 1714 Konzertmeister war und unter anderem jeden Monat eine neue Kirchenkantate zu komponieren hatte – endete mit einem Eklat. Bach wollte sich samt Familie heimlich davonstehlen, um eine besser dotierte Stelle in Köthen anzutreten. Der herzogliche Dienstherr ließ ihn einsperren. Im Arrest soll Bach erste Noten zum »Wohltemperierten Klavier« komponiert haben. Anfang Dezember wurde er entlassen, ohne – heute würde man sagen – ordentliche Beurteilung. Das Weimarer Bachdenkmal, eingeweiht zum 200. Geburtstag, steht nun schräg gegenüber der Gedenktafel.

Der Verein »Bach in Weimar« schaffte es 2008, zwei linientreue Erben derer von Sachsen-Weimar und Anhalt-Köthen an einen Tisch zu bringen, um die in Ungnade erfolgte Entlassung Bachs zu annullieren und den Zwist um die Abwerbung Bachs beizulegen. Eine wunderhübsche Idee, um für den Aufbau des »Neuen Bachhauses Weimar« zu werben. Trommeln gehört zum Handwerk! Wer wüsste das besser als Musiker, die zudem eine Vision haben? Wie sagte Helmut Schmidt: Wer Visionen hat, soll zum Arzt gehen. Auch klavierspielende Altbundeskanzler haben nicht immer recht.

Adresse Gedenktafel am Markt, links neben dem Hotel »Elephant«, www.bachhausweimar.de | **Anfahrt** bis Parkhaus Beethovenplatz, von dort zu Fuß Richtung Platz der Demokratie und Markt | **Tipp** Bach vertonte sieben Texte von Christian Friedrich Hunold; unter dem Pseudonym Menantes schrieb Hunold galante Romane. In seinem Geburtsort Wandersleben (an der A 4 Richtung Eisenach) gibt es eine Gedenkstätte. Alle zwei Jahre wird dort ein Preis für erotische Literatur vergeben.

8 Bachs Luftbad

Der Bach vom Dach

Goethe-Enkel Walther Wolfgang hatte ein Patenkind: Karl Louis Wolfgang Bach, 1856 geboren. Der besuchte die Bürgerschule und wurde dann Schornsteinfeger. Bruder Bach war allerdings ein Bruder Leichtsinn, stürzte 1873 vom Dach eines vierstöckigen Hauses und hatte fortan einen Hüftschaden. Er kehrte noch ein paar Essen, wechselte dann ins Kolportagefach, machte fortan also Haustürgeschäfte mit Büchern. Nach vier Jahren Tippeltappelbuchverkauf eröffnete er 1886 in Weimar das bald hoch angesehene »Wissenschaftliche Antiquariat«. Einige Goethe-Handschriften, die heute im Goethe- und Schiller-Archiv liegen, hat Bach gefunden und vermittelt. Leider machte das Antiquariat 1929 Pleite, und viele Bücher und wertvolle Schriften wurden vernichtet, weil sich kein Interessent dafür fand.

Die Bodelschwinghstraße 75 hieß um 1900 Besselstraße 21. Hier ließ sich das Ehepaar Bach 1904 ein Wohnhaus mit Zusatznutzen bauen. Am und im Haus fand man von 1904 bis 1914 »W. Bach's Luftbad u. Abstinenz-Restaurant«. Es herrschte radikalstes Rauchverbot. Die Inhaber warben mit »romantisch gesündester Lage Weimars auf der Birkenhöhe beim Kastanienwäldchen«. Die etwas verfallene Villa ist heute noch da. Um sie herum hantelte einst auf 2.000 Quadratmetern der wilhelminische Mann, und die Dame lustwandelte für 25 Pfennige Eintritt in Frischluft – getrennt freilich. Im Zaun um den Damenbereich waren die Astlöcher sehr begehrt. Man(n) lunste.

Bach, der überzeugte Vegetarier, Nichtraucher und Antialkoholiker – im Alter legte sich das alles –, hatte neben den Guttemplern und dem Naturheilverein illustre Gäste, so den Aufreger Gustav Nagel, der barfuß und nur mit Lendenschürze bekleidet durch Weimar spazierte. Nagel war Wanderprediger, Erfinder der vereinfachten Rechtschreibung, Gründer der »kristlichen folkspartei«, Pazifist und Menschenfreund. Und Lil Dagover war hier (siehe Seite 78).

Adresse Bodelschwinghstraße 75, 99425 Weimar | **ÖPNV** Bus Linie 2, Haltestelle Eduard-Mörike-Straße, weiter zu Fuß in Fahrtrichtung, linke Straßenseite, etwas versteckt | **Anfahrt** stadtauswärts auf B 7 Richtung Jena, Jenaer Straße, dann rechts in die Bodelschwinghstraße | **Tipp** Mehr über den bemerkenswerten Sonderling Gustav Nagel erfährt man in seinem Geburtsort Arendsee (Altmark, Sachsen-Anhalt), wo es das »gustaf-nagel-areal« gibt; mit Tempelruine, Kurhalle und Gaststätte »birlokal zum alten gustaf«.

9 Der Balkon des »Elephant«

Neue Bilder braucht das Land

Es gab ein Hotel »Elephant«, das war alt und gemütlich, mit einem süßen Elefanten auf dem Baldachin über der Eingangstür und einem Fenster gleich darüber. »Lieber Führer, komm heraus aus dem Elefantenhaus!«, haben Weimarer volkstümlich-völkisch gedichtet und den lieben Adolf fröhlich zum Blick aus dem Fenster gerufen. Aber da störte wohl immer der Elefant vor der Nase. 1937 wurde das Hotel bis auf die Grundmauern abgerissen und ein neues draufgebaut. Hermann Giesler, auch Architekt des stadtbildzerstörenden Gauforums, entwarf das neue Hotel. Anstatt eines Fensters gab es nun einen Balkon, wunderbar geeignet, um von dort oben Reden an das deutsche Volk zu halten. Fahnenstangen konnten schwarz-weiß-rot beflaggt werden, der Reichsadler prangte. Zur Gartenseite hin entstand eine Suite, die nicht von anderen Hotelgästen benutzt werden durfte. Zu Hitlers Geburtstag 1938 kam die Richtkrone aufs Dach, zum Gautag im November wurde mit Hitler als Ehrengast eröffnet.

Etwa 40-mal weilte Hitler in der Stadt. Die Bevölkerung dachte sich neue Reime aus: »Lieber Führer, bitte bitte, lenk auf den Balkon die Schritte.« Solches Volkstum wurde gefördert, spätestens seit Wilhelm Frick erster NSDAP-Minister in einer deutschen Landesregierung war, Innenminister in Thüringen, und sein Erlass »Wider die Negerkultur, für deutsches Volkstum« die Bauhäusler aus Weimar vertrieben hatte.

Die stark konservativ geprägten Weimarer sahen's mit Freude. Etwas geringer fiel die Freude aus, als sich alles in Rauch und Trümmern auflöste. Auch das Hotel »Elephant« war in Mitleidenschaft gezogen. Erst 1955 konnte es wiedereröffnet werden.

Die Besetzung des Balkons mit wechselnden Persönlichkeiten, die der Stadt Weimar besser zu Gesicht stehen, prägt nun das mediale Bild. Obwohl der Geist nicht ganz weg ist. Lieber Führer, geh doch fort: Marsch, aus diesem schönen Ort!

Adresse Markt 19, 99423 Weimar, www.hotelelephantweimar.com | **Anfahrt** bis Parkhaus Beethovenplatz, zu Fuß über Platz der Demokratie zum Markt | **Öffnungszeiten** Restaurant Juni–Sept. Di–So 12–15 und 18.30–24 Uhr, sonst abweichende Öffnungszeiten, siehe Homepage | **Tipp** Auch für Nichthotelgäste: Im mehrfach preisgekrönten »elephantastischen« Gourmetrestaurant »Anna Amalia« serviert ein Sternekoch europäische Spitzenküche. Oder einfach nur auf einen Kaffee …

10 Das Bienenmuseum

Summ, summ, summ, Bienchen

Summen Sie gerade mit? Da summt die Kindheit, und wenn man das dem eigenen Nachwuchs vorsingt, tut man auch etwas für die Zukunft. Bienenfleiß als Tugend zu vermitteln, ist doch so schlecht nicht. Kommt ja etwas raus dabei: Honig – köstliche Nahrung und Heilmittel, herz- und blutdruckstabilisierend, bakterienhemmend, leberstärkend, schönheitspflegend. All das und mehr soll das Produkt der schwarmintelligenten Wesen bewirken. Da kann man schon ins Schwärmen kommen. Sogar eine Farbe heißt so: Honiggelb. Na ja, selbst der Laie weiß, dass Honig nicht nur sehr unterschiedlich schmeckt, sondern in verschiedensten Gelbtönen aufs Butterbrot geschmiert wird. Freilich, geschmiert! Honig ist ein Schmiermittel für die Seele, versüßt uns das Leben. Aber beim genussvollen Verspeisen endet zumeist auch das Wissen über Bienen und Honig, selbst in einem Land, wo Milch und Honig fließen, wie hier in Thüringen.

Aber für die Füllung der Wissenslücken gibt es ja das Bienenmuseum in Ober-Weimar. 1907 vom Pfarrer Dr. Ferdinand Gerstung gegründet, später unter dem lächerlichen Bandwurmnamen »Reichsbienenzuchtmuseum« firmierend, noch später jahrelang wegen Baufälligkeit geschlossen. Seit 1994 ist es wieder geöffnet. Der Landesverband der Thüringer Imker kümmert sich darum. Neulich soll eine gelb-schwarze Politikergruppe hier gewesen sein und sich sofort einen Sinnspruch aufgeschrieben haben, der neben dem Hofladen hängt: Dem Ganzen selbstlos dienen, das lehren uns die Bienen.

Hummeln im Hintern? Nein, Bienen in der Hose. – Im Bienenmuseum erfährt man alles über Zeidler und Beuten, über Honig und Wachs, über ökologische Bedeutung der flotten Bienen, über Honigschleudertrauma und die pflanzliche Sexfrage: Wollen wir das Bienchen holen? Und die Wohnungsfrage konnte auch schon geklärt werden: Guck mal, Papa, da – ein Bienenhaus! Aha, erwiderte Papa, da also wohnt Mister Bien'!

Adresse Ilmstraße 3, 99425 Weimar | ÖPNV Stadtbus Linie 1, Haltestelle Plan Oberweimar | Anfahrt über Belvederer Allee nach Oberweimar, hinter der Brücke links | Öffnungszeiten Di–So und an Feiertagen 10–18 Uhr, Dez.–März 10–17 Uhr, zusätzlich auf Anfrage: Tel. 03643/901032; Gaststube Di–So 11.30–21 Uhr, Tel. 03643/908689 | Tipp Das alte Zisterzienserinnenkloster (Oberweimar, Klosterweg 8) von 1244 hat eine abwechslungsreiche Mietergeschichte; aktuell ist es die bauliche Hülle für Waldorfpädagogik.

11 Block'n'Roll

Immer an der Wand lang

Von außen hat sich nichts verändert: eine Fabrikhalle, hier wurden Möbel hergestellt. Innen ist alles anders. Was ganz Neues gibt's da: Weimars erste Boulderhalle.

Boulder kommt aus dem Englischen und bedeutet Felsblock. Wer bouldert, der klettert ohne Hilfsmittel, also ohne Seil und Gurt und Helm. Das geht in freier Natur, aber eben auch wetterunabhängig in der Boulderhalle. Es kommt nicht auf Höhenkilometer an. Keiner will hier für den Mount Everest oder die Eigernordwand trainieren. Die Geschicklichkeit steht im Vordergrund. Oder Fordergrund? Gefordert wird hier, in einem fließenden Bewegungsablauf Quergänge, Überhänge und knifflige Stellen – die sogenannten Boulderprobleme – zu meistern. Weil es nicht hoch hinausgeht, kann man auch nicht tief fallen. Wenn man den Abflug macht, schützen einen die ausgelegten dicken Turnmatten, zu denen man natürlich nicht mehr Turnmatten sagt, sondern Crashpads. Wenn's gefährlich werden könnte, steht ein sogenannter Spotter bereit, ein Mensch, der einem hilft, auf die Füße zu fallen. Die Farben der Griffsteine zeigen dem Boulderer den Weg, den er gehen muss. Läuft es gleich beim ersten Mal gut, dann ist der Boulder geflasht.

Und wer hat's erfunden? Diesmal waren es Franzosen. Südlich von Paris liegt der Wald von Fontainebleau mit Sandsteinfelsen von geringer Höhe. 1947 begann man dort, die Parcours durchzunummerieren und farblich zu kennzeichnen. Manche Parcours sind so gestaltet, dass man durchgängig am Fels bleiben kann, ohne Bodenkontakt. Boulderstrecken gibt es überall auf der Welt. Das bekannteste einzelne Boulderproblem hat den poetischen Namen Midnight Lightning und befindet sich im US-amerikanischen Yosemite-Nationalpark. Das schwierigste Boulderproblem (Fb.8c+) bietet das italienische Meschia.

In Weimar kann man dafür üben. Turnschuhe und Magnesiumsäckchen sind mitzubringen. Im Notfall ausleihbar.

Adresse Schwanseestraße 88a, 99423 Weimar | ÖPNV Bus Linie 7 bis Haltestelle Schwanseestraße, dann zu Fuß | Anfahrt Schwanseestraße stadtauswärts, Industriegebiet auf der rechten Seite | Öffnungszeiten Di–Fr 13–22 Uhr und Sa, So 11–22 Uhr; Voranmeldung möglich: Tel. 0172/1336089 | Tipp Wer die Schwanseestraße weiter stadtauswärts läuft, sieht linker Hand das schiffartige Haus Nummer 101: ein Sozialträger mit ein paar Kajüten, in denen Glücksdrachen und lyrische Knalltüten zu Hause sind.

12 Das Brautbild

Weswegen man ins Museum geht

Stéphane Breitwieser arbeitete von 1995 bis 2001 als Kellner in verschiedenen europäischen Städten, in denen während dieser Zeit 239 wertvolle Gemälde im Wert von rund 20 Millionen Euro verschwanden. Er ging also in seiner Freizeit auf Diebeszug. Das wertvollste Gemälde, das er stahl, und zwar bei einer Auktionsvorbesichtigung, war über sieben Millionen wert, ein Cranach-Porträt der Sibylle von Kleve.

Schreck lass nach! Gestohlen? Aber das Bild hängt doch im Weimarer Stadtschloss? Es gibt Leute, die gehen immer wieder nur deshalb dorthin, um sich genau dieses Bild anzusehen. Der Schreck lässt wirklich nach, wenn man erfährt, dass der ältere Cranach die Sibylle von Jülich-Kleve-Berg oft kopiert hat. Lucas Cranach war sozusagen sein eigener Konrad Kujau.

Und da hängt es nun unter Glas, das Bild, das anbetungswürdige. Ja, es ist die schöne Sibylle, aber es ist vor allem die große Kunst Cranachs. Diese Klarheit bis ins letzte Detail, Haar für Haar, diese Farben, diese magnetische Wirkung. Und der Blick der Dame! So eine Mischung aus »Hab ich dich!« und Liebe. Sie war ihrem Gatten, Johann Friedrich von Sachsen, sehr zugeneigt. Das beruhte auf Gegenseitigkeit. Cranach hat es gespürt und auf den Hochzeitsporträts verewigt. Federleicht neigt sich da oben an den Köpfen etwas zueinander. Sehen Sie es? Im Internet? Ach was, im Original!!

Es gibt noch ein zweites Porträt, da sind die beiden, um ein paar Jahre und Pfunde älter, gemeinsam zu sehen: auf dem linken Flügel des Altars in der Stadtkirche St. Peter und Paul, wo sie auch beigesetzt sind. Das Porträt im Schloss übrigens könnte die »Mona Lisa« von Weimar sein, und das Residenzschloss der Thüringer Louvre. Mit der Himmelsscheibe von Nebra hat es doch auch funktioniert.

Kleine Kitsch-Pointe: Wer »Kind mit Hemd und Mütze auf ein Feuer pinkelnd« findet, hat noch etwas zu lachen in diesem Schloss voller ernster Kunst.

Adresse Schlossmuseum, Burgplatz 4, 99423 Weimar | **Anfahrt** ins Navi »Beethovenplatz« eingeben, Tiefgarage hinter dem Dorint-Hotel, ab da nur noch wenige Meter zu Fuß | **Öffnungszeiten** April–Okt. Di–So 10–18 Uhr, Nov.–März 10–16 Uhr, auch Silvester und Neujahr | **Tipp** Es gibt einen Verein, in dem sich junge und ältere Freunde, Fans und Interessierte der Neuentdeckung alter Kunst widmen. Weimarer Kunstgesellschaft ködert unter anderem mit extrem kostengünstigem Entree in die Museen der Klassik Stiftung.

13 Der Brunnen Nr. 1

Keine Hundstage für Vierbeiner

Dieser Brunnen spiegelt schon durch seine Namen ein Stück Weimarer Stadtgeschichte. Namen im Plural. Wegen eines nahen Hotels hieß er zunächst »Chemnitiusbrunnen«, dann »Brunnen am Reisebüro« und »Brunnen am Lesemuseum«. Dieses Gebäude neben dem fröhlichen Geplätscher wurde 1830 für die Weimarer Lesegesellschaft errichtet. Es war also kein Museum, sondern ein bürgerlicher Bildungstempel, denn Lesegesellschaften waren unabhängig von Kirche und Feudalstaat, eine frühe Form der deutschen Erwachsenenbildung. Heute sendet von hier das lokale »Radio Lotte« – überregional bekannt geworden, weil es beim NSU-Prozess in München einen Platz zugelost bekam.

Der Brunnen entstand eigentlich durch Zufall, denn das Brunnenbecken stammt vom ersten »Gänsemännchenbrunnen«, für den das Becken aber zu klein war. Die Thüringer Beckenwanderung endete 1864 am Lesemuseum. Seitdem steht die recht einfache Brunnensäule hinter dem ovalen Trog, und der stilisierte Löwenkopf spuckt Wasser.

»Löwenbrunnen« ist als Name in Weimar leider schon vergeben, aber »Hundebrunnen« wäre noch möglich. Warum? Schöne Geschichte: 1879 wechselte die gegenüberliegende »Löwen-Apotheke« den Chefapotheker – und befindet sich seitdem im Besitz von dessen Familie. Apotheker war damals ein 24-Stunden-Job, ständige Erreichbarkeit Pflicht. Ohne Handy! Der viel beschäftigte Chef hatte aber auch ein Herz für Tiere und bemerkte an heißen Sommertagen die vergeblichen Bemühungen der Hunde, an das kühle Nass im Becken zu kommen. Also ließ er auf eigene Kosten den ersten Mini-Hunde-Brunnen am Fuße des großen anbringen. Rechteckig, praktisch, gut. Weitere folgten. Wow! Da wedeln die Hundeschwänze voller Freude und Dankbarkeit. In Weimar gab es übrigens sogar mal einen »Aktenmännchen-Brunnen«. Das war jedoch keine Beamtentränke, nein, der Name stammte von der witzigen Brunnenfigur. Derzeit lagert die im Stadtmuseum.

Adresse Goetheplatz (am Beginn der Geleitstraße), 99423 Weimar | **ÖPNV** zum Goetheplatz mit dem Bus, hier treffen sich alle Linien mit einstelliger Nummer | **Anfahrt** ins Zentrum, in der Nähe des Goetheplatzes Parkplatz suchen, zentrumsnahe Parkhäuser sind ausgeschildert | **Tipp** Manchmal fährt ein Nostalgie-Bus vorbei, der »Belvedere-Express«. Der fährt seine neugierigen Fahrgäste weit in Weimar herum, kompetente Leute erläutern alles, im Bus läuft zusätzlich ein eigens für die Tour produzierter Spielfilm. Ausgezeichnet! (Tel. 0178/8877080 oder direkt am Markt 2 in der Tourist-Information)

14 Die Buchfarter Brücke

Ein rätselhafter Holzkasten

Manchmal geben einem die Vorfahren Rätsel auf. Im pittoresken Buchfart, mitten im Ilmtal gelegen, erreicht man auf der Bundesstraße Numero 87 eine Brücke. Hier kann man drüberdruntermittendurch. Aber zunächst mal davor: Brücke und alte Mühle daneben sind immer ein Foto wert. Das Ensemble ist, um mit Marlene Dietrich zu sprechen, totfotografiert. Aber im Gegensatz zur Dietrich-Diva verweigern sich die Bauwerke nicht weiteren Fotoshootings. Und Maler stehen hier auch gern, um das Motiv zu skizzieren. Auf der Brücke fährt man unter einem soliden Holzdach. Was bitte hat 1613 den Brückenbaumeister Steiner geritten, der Brücke eine Überdachung zu geben? War oft Hagelschlag in Buchfart, während Steiner hier weilte? Dauerregen?

Die denkmalgeschützte Brücke ist gut 40 Meter lang und drei Meter breit. Lkws von über drei Metern Höhe dürfen hier nicht durch. Neben der Brücke klappert am rauschenden Bächlein eine Mühle. Die war schon ziemlich hin, aber nach umfangreichen Restaurierungsarbeiten dreht sich das Wasserrad wieder, treibt Müllereimaschinen an und erzeugt etwas Strom. Hier wird frisch gemahlen und geschrotet und dann gleich gebacken. Und zwar im altdeutschen Backhaus. Wenn's draußen kühl ist, kann man dort im Warmen sitzen, Kuchen und Kaffee kosten. Ist es wärmer, sitzt man draußen im kleinen Biergarten. Freitag ist Brotbacktag, der Mühlenladen in der Schenkengasse von 10 bis 18 Uhr geöffnet. Allein schon den Duft sollte man nicht verpassen. Den kann man ja mit dem Klang der Münzen bezahlen. Nein, mal im Ernst: Wer etwas Geld eingesteckt hat, der ist klar im Vorteil. Und wer hier samt Familie feiern will, muss sich nur anmelden.

Übrigens: Hier ist der große Walking-Fan Goethe durch, wenn er die rund 30 Kilometer von Weimar zu seiner Freundin Frau von Stein im Wasserschloss Großkochberg lief – er lief! Feininger nutzte später das Fahrrad.

Adresse Weimarische Straße, 99438 Buchfart | **ÖPNV** Bus Linie 229, Haltestelle Buchfart | **Anfahrt** von Weimar die Belvederer Allee stadtauswärts, nach Vollersroda, weiter nach Buchfart | **Öffnungszeiten** Mühlenladen Mai–Okt. Do 14–18 Uhr, Fr 10–18 Uhr, Sa/So 11–18 Uhr, Nov.–April Fr 10–18 Uhr, Sa/So 12–18 Uhr; für Gruppen können andere Öffnungszeiten vereinbart werden (Tel. 03643/775776) | **Tipp** Die Felsenburg-Höhlen bei Buchfart waren eine Zufluchtsstätte in Kriegszeiten, mit unterirdischem Zugang, um die sich viele Legenden ranken. Nur zum Angucken von unten!

15_Die Buch- und Kunstdruckerei Kessler

Ein Druck muss durchs Land gehen

Die Erfurter Straße 19 kennt man, wenn man weiß, wo Richard Strauss 1889 bis 1894 wohnte. Ein lapidares Schild an dem gelben Haus mit den grünen Fensterläden reicht, im Haus hat sich eine Fahrschule eingerichtet. Genau da zeigt sich wieder einmal exemplarisch das Problem einer Stadt mit reicher (Kunst- und Kultur-) Geschichte: Das Früher ist vorbei, heute muss die Stadt leben, wenn sie kein musealer Geistes-Geister-Ort werden soll.

Darum empfiehlt es sich, links am Strauss-Haus vorbeizugehen. Nach ein paar Schritten pulsiert das Leben, geben Maschinen einen schnellen Takt vor: die Druckmaschinen der Buch- und Kunstdruckerei Kessler. 1920 wurde die kleine mittelständische Firma von Johannes Keipert gegründet. Das Familienunternehmen überstand Wirtschaftskrisen, Staatsumbrüche und einen Weltkrieg. Die Keipert-Kinder übernahmen den Betrieb, Qualität sicherte Aufträge und Firmenüberleben. 1972 dann die Zwangsverstaatlichung. Rudolf Keipert hat das bis zu seinem Tod nicht verwunden. Sofort nach der Wende holten sich die Tochter und deren Ehemann den Betrieb zurück, der nun unter dem Namen des Mannes weitergeführt wurde. Seit einigen Jahren gibt es neue Eigentümer, ein Brüderpaar. Der Betrieb bleibt familiär.

Die für heutige Verhältnisse kleine Druckerei kann eigentlich alles, von Visitenkarte bis Buch, in höchster Güte. Daran hängt die Druckerehre. Und man kann auch mit Kindern. Schulklassen, die sich im Geschichtsunterricht vielleicht gerade mit einem Herrn Gutenberg – mit einem »t« – beschäftigen, können vor Ort erleben, was aus der Erfindung der beweglichen Lettern geworden ist. Der Bewohner des Vorderhauses hat oft stürmischen Applaus geerntet. Wieso ist das eigentlich nicht üblich, wenn eine Druckerei ein Spitzenprodukt liefert?

Adresse Erfurter Straße 19, 99423 Weimar, Anmeldung zur Besichtigung: Tel. 03643/202126 | **ÖPNV** Bus Linie 7, Haltestelle Erfurter Straße, in Fahrtrichtung linke Straßenseite | **Anfahrt** vom Goetheplatz in die Heinrich-Heine-Straße, dann rechts in die Erfurter Straße, am Linksknick der Straße links Parkplatz vor dem Strauss-Haus | **Tipp** Auch im Deutschen Nationaltheater kommt man in der Vorweihnachtszeit nicht immer um »Hänsel und Gretel« herum. Immerhin ist das Traditionspflege, denn die Humperdinck-Oper wurde 1893 von Richard Strauss hier uraufgeführt.

16_Das Café Charlotte

Frau von Steins Kinderzimmer

Hat er nun oder hat er nicht? Die ewige Frage, ob Goethe mit Frau von Stein …? Auf jeden Fall hat er, und zwar sie kennengelernt. Vielleicht auf dem Anwesen in der Scherfgasse, dem Palais Schardt.

Als Goethe Charlotte im November 1775 persönlich begegnete, war das nicht nur der Beginn einer wunderbaren Freundschaft, sondern einer glühenden Liebe. Egal, dass Frau von Stein fast sieben Jahre älter war als er und bereits siebenfache Mutter. Über 1.700 Briefe hat Goethe an sie geschrieben, allerdings ohne Anrede. Charlottes Briefe sind nicht erhalten. Das lässt Platz für immer neue wilde Spekulationen.

Hierhin in die Scherfgasse 3 zog Charlottchen schon als Einjährige, da der Herr Papa Hofmarschall bei Herzog Ernst August geworden war. Und dem Hofmarschall von Schardt war eine standesgemäße Wohnung wichtig. So ließ er das Haus erweitern und innen prallvoll mit prächtigen Bildern ausmalen. Im Garten wurde der hölzerne Laubengang durch einen gemauerten mit Fenstern ersetzt. Und an dessen Ende entstand, achteckig im Grundriss, der Rokoko-Pavillon, nach dem übrigens die benachbarte Pavillon-Presse (siehe Seite 172) ihren Namen hat. Im ersten Stock des Pavillons fand man sich zu Teegesellschaften zusammen, oder wie Johann Wolfgang es einmal notierte: »… wo der Herzog auf'm Turm aß.« Rundherum tobte übrigens der Pöbel in der Jakobsvorstadt und quiekten die potenziellen Sonntagsbraten auf dem Goetheplatz, der damals noch Schweinemarkt hieß.

Alles Geschichte. Heute findet man im Palais Schardt, etwas versteckt gelegen hinter dem »mon ami«, das »Café Charlotte«. Es gibt guten Kaffee und Kuchenspezialitäten der Goethezeit wie Meringues mit Welscher Nuss, Anis-Strötzel, Gateaux à la Princesse und Londoner Kümmel-Küchelchen. Die Räume des Schardt'schen Stadtpalais bieten heute Platz für Ausstellungen, kleine Theater- und Musikveranstaltungen, für Lesungen und private Feiern.

Adresse Palais Schardt, Scherfgasse 3, 99423 Weimar | **ÖPNV** mit einem der Busse bis Goetheplatz, zu Fuß zwischen Kasseturm und »mon ami« durch den Torbogen, die nächste Straße rechts | **Anfahrt** parken Am Graben oder Teichplatz, zu Fuß durch die Kleine Teichgasse, links in die Scherfgasse | **Öffnungszeiten** März–Okt. Di, Do, Fr, Sa 13–18 Uhr, Nov./Dez. nur Di, Fr, Sa, im Jan./Feb. nur Fr, Sa; zu den Aufführungen abweichende Öffnungszeiten | **Tipp** Das Stadtarchiv Weimar in der Kleinen Teichgasse 6 hat einen Lesesaal. Man kann unter anderem Lokalzeitungen wie die »Weimarischen Wöchentlichen Anzeigen« ab 1759 einsehen oder Stadtpläne und Karten Weimars ab 1569.

17 Der C.Keller

Älter geworden, jung geblieben

Das ist schon was Besonderes: Mitten in der Stadt mit Schrägblick auf das Rathaus, in einer Häuserreihe mit dem noblen Hotel »Elephant«, steht ein alternatives Kulturzentrum, der »C.Keller«, die Eingangstür mit Graffiti zugesprüht. Es ist ein »Kind« der Wendezeit, das 1988 geboren wurde. Der Gewölbekeller wurde damals entrümpelt und für Konzerte, Lesungen, Clubabende ausgebaut. In dieser Zeit diskutierten hier junge Leute heiß über die Situation in der DDR. Im Mai 89 veranlasste die Stasi die Schließung, ab Herbst verfiel der Staat so rapide, dass bald auch keiner von der Sicherheit mehr sicher war, was aus dem Staat mal werden würde: ein ehemaliger. Die Leute vom »C.Keller« drehten auf. Vor Freude und vor allem die Regler der Musikanlage.

Kurz vor der Jahrtausendwende kamen erst das Bauordnungsamt – wieder war der Jugendtreffpunkt zu –, dann die Wiedereröffnung und laute Freudenmusik und sofort der Lärmschutzbestimmungen vorschützende Nachbar. Lärmer und Lärmgegner trafen sich vor Gericht. Es ging nicht gut aus für den »C.Keller«. Machte man eben leiser weiter.

Offiziell heißt es »C.Keller & Galerie Markt 21 e. V.«, und zuallererst ist es ein Ort, wo das Nichtraucher-Imperium noch nicht zurückgeschlagen hat. Man darf hier rauchen! Jeden Tag ist ab 21 Uhr geöffnet.

Seit März 1990 gibt es die Galerie im ersten Stock. Das Angebot wechselt monatlich und ist bunt wie die Truppe, die den »C.Keller« offen hält. Das Haus gehört nun einem Allgäuer Kapitalisten, der listig sein Kapital nutzte, um den ungewöhnlichen Ort zu erhalten. Samt alternativem Inhalt. Ausstellungen gibt es jetzt auch im Bar-Raum, wo ansonsten unverstärkte oder nur leicht aufdrehende Bands spielen und schallpegelbeachtende DJs auflegen. Zusammen mit der Jazz-Abteilung der Musikhochschule werden die Montagskonzerte organisiert. Der »C.Keller« lebt. Die Clubszene freut's.

Adresse Markt 21, 99423 Weimar | **Anfahrt** Ist eher ungünstig. Alles ist – wie heißt es heute so schön – fußläufig zu erreichen. | **Öffnungszeiten** Galerie: täglich 16–1 Uhr, C.Keller: täglich ab 21 Uhr | **Tipp** 2012 bis 2022 läuft die Dada-Dekade in Weimar. Einmal jährlich Dadamenta: skurriler Straßenumzug mit unklassischen Klängen, absurder Chormusik, Modetheater, Fahrradcorso und ähnlichen immer neuen Aktionen.

18 Cranachs Grab

Kreativchef und Marketingexperte

Als die Schauspielerin Veronica Ferres, die im Film »Die Braut« Goethes langjährige Geliebte und spätere Ehefrau Christiane Vulpius spielen sollte, sich in Weimar nach Vulpius-Orten erkundigte, sei, so erzählt man, ihr geantwortet worden, sie solle sich doch lieber das Haus der Frau von Stein ansehen.

Hat die Ferres sich den Grabstein von Frau von Goethe auf dem Jakobsfriedhof angesehen? DU VERSUCHST O SONNE VERGEBENS / DURCH DIE DÜSTREN WOLKEN ZU SCHEINEN / DER GANZE GEWINN MEINES LEBENS / IST IHREN VERLUST ZU BEWEINEN. So steht es da.

Eine andere Grabinschrift auf dem Jakobsfriedhof kündet von Ruhm und Fingerfertigkeit des Marketingchefs der Reformation. Keiner hat das Leitbild Luther so geprägt wie der ältere Lucas, Chef der Werbeagentur Cranach. Übersetzt man die lateinische Inschrift auf seinem Grab, erfährt man, hier ruht »Der schnellste Maler und Wittenbergs Bürgermeister, der seiner Tugend wegen drei sächsischen Kurfürsten und Herzögen lieb und teuer war«. Kunsthistoriker fanden das schon immer doof und meinten, das sei ein Schreibfehler. Nicht »celerrimus« – der schnellste – hätte es heißen sollen, sondern »celeberrimus« – der gefeiertste. Nein, er war ein flinkes Genie mit Pinsel und Farbe. Und die gesellengestützte Kopiermaschinerie der Cranachwerkstatt lief immer auf Hochtouren. Apropos Kopie: Die Grabplatte ist auch eine. Das Original wurde der Verwitterung entzogen und befindet sich seit 1859 in der Herderkirche.

Der Jacobsfriedhof wird heute mit »k« geschrieben – um keine Kaffeewerbung zu machen? Der älteste Weimarer Friedhof lag einst in der Jacobsvorstadt, die im Mittelalter Pilgern außerhalb der Stadtmauern unter dem Zeichen der Jakobsmuschel eine nächtliche Bleibe bot. Als Teil der Weimarer Altstadt gehört der Friedhof zum UNESCO-Weltkulturerbe. Und irgendwo liegen hier auch Schillers Gebeine. Irgendwo.

Adresse Am Jakobskirchhof/Rollplatz, 99423 Weimar, gehört zur Klassik Stiftung | **ÖPNV** Bus Linien 1, 2, 3, 9, Haltestelle Atrium, zu Fuß durch die Jakobstraße | **Anfahrt** bis Parkplatz Rollplatz, dann wenige Meter zu Fuß | **Tipp** Jakobskirche: Hier wurde am 19. Oktober 1806 Christiane Vulpius zu Frau von Goethe. Fünf Tage vorher hatte sie das Goethehaus gegen Plünderer verteidigt, bis der Hausherr unter Schutz des französischen Kommandanten stand.

19_Der Ehringsdorfer

Steinzeitmenschen in Stein eingelegt

Viele Weimarer, vor allem die Freunde von Hopfen und Malz, kennen nur *das* »Ehringsdorfer«. Das kommt seit fast 200 Jahren aus der lokalen, mittelständischen Brauerei. Die Werbung mit den vier Skat-Assen »Trumpf ist Ehringsdorfer« ist legendär.

Der Ehringsdorfer ist viel legendärer, denn er ist schon lange tot, nur in wenigen Einzelteilen erhalten und eigentlich eine *die*. Hierbei handelt es sich um die im Ehringsdorfer Travertinbruch gefundenen Knochenreste menschlicher Vorfahren. Das wichtigste Stück, eine vollständige Schädelkalotte mit zugehörigen weiblichen Skelettresten, wurde hier 1925 fein säuberlich und vorsichtig ausgebuddelt. Im Museum für Ur- und Frühgeschichte in der Humboldtstraße kann man sich ein vollständiges dreidimensionales Bild der Frau und einiger Männer von damals machen. Es sind Neandertaler, diese Ehringsdorfer, mancher Wissenschaftler plädiert für Prä-Neandertaler. Korrekt ausgerechnet wurde das Hirnvolumen der Dame: 1450 Kubikzentimeter. Schon ganz ordentlich, aber man weiß ja, es kommt weniger auf die Größe als auf die umfassende Nutzung an.

In Weimar und Umgebung gibt es mehrere Fundstellen. Warum? Die Region liegt auf der sogenannten Feuersteinlinie der Elstereiszeit. Das große Eis schob Feuersteine in Massen vor sich her, und die Thüringer Ötzis schlugen daraus Werkzeuge und Spitzen für Waffen. Freilich schlugen sie irgendwann auch mal Funken. Warum hieße der Feuerstein sonst Feuerstein? Und das für diese Gegend typische Travertingestein, auch Ilmtaltravertin genannt, war ein hervorragendes Konservierungsmittel für Steinartefakte und Knochen.

Im Travertin-Steinbruch von Ehringsdorf kann man sich eine inzwischen zugewachsene archäologische Ausgrabungsstelle anschauen. Beeindruckend: die steil aufragende Travertinwand. Falls Gojko Mitić doch noch einen Indianerfilm drehen sollte, hier wäre ein guter Filmset.

Adresse Hainweg, 99425 Weimar | **ÖPNV** Bus Linie 1, Haltestelle Ehringsdorf/Kippergasse, dann zu Fuß vorbei an der Ehringsdorfer-Brauerei und zwei weiteren Firmen, dann nach rechts; Wegweiser erst wenige Meter vor dem Freigelände | **Anfahrt** bis Belvederer Allee, parken, zu Fuß über Papiergraben oder Ziegelgraben zum Hainweg | **Tipp** Das Radfahr-Café (und Hotel) »Kipperquelle«, Kippergasse 20, bietet auch Yoga- und Klang-Seminare (Café außer Mo und Di nachmittags geöffnet).

20 Die Eisbahn

Zum Dahinschmelzen

Kennen Sie das Gedicht von Christian Morgenstern, in dem ein Seufzer auf nächtlichem Eis Schlittschuh läuft und, weil er an heiße Liebe denkt, erglühend stehen bleibt? »Da schmolz die Eisbahn unter ihm ein – und er sank – und ward nimmer gesehen.« Könnte man weiterdichten: In Weimar kann *das* nicht geschehen. Laufen auf Eis ist bis spätabends möglich, aber das Versinken nicht. Denn Weimars Eisbahn – ein gemeinsames Winterprojekt von Privatunternehmern und Stadtverwaltung – hat festen Untergrund: das Pflaster auf dem Platz der Demokratie, gleich am bronzenen Reiterdenkmal für den siegreich aus den Befreiungskriegen gegen Napoleon zurückgekehrten Großherzog Carl August – der übrigens zum richtigen Zeitpunkt schlittschuhläufergleich auf die richtige, also die später siegreiche Seite hinübergeglitten war.

Zurück vom glatten Politparkett auf die Eisbahn. So etwas muss es Anfang der 30er Jahre schon in Weimar gegeben haben. Der hiesige Maler Alfred Ahner zeichnete das Pastell »Auf der Eisbahn«. Winter muss schon sein. Je länger, je lieber. Es beginnt, wenn Geld dafür da ist, im November. Rundherum singen die Weihnachtsmarkthändler »Schöner die Kassen nie klingen«. Immerhin singen sie auf einem der schönsten Weihnachtsmärkte Deutschlands. Das Internetportal CNNGo erklärte ihn sogar zum schönsten der Welt. Plakate rufen alle herbei. Wenn alle kämen, würde es eng. Es sind nur 15 mal 30 Meter Eis, aber die Freude ist groß. Und es herrscht nicht dieser Perfektionsbestleistungszwang wie in der Ellen-Lang-Namen-Eislaufhalle in der Landeshauptstadt.

Und das Allerbeste: Ist Weihnachten vorbei, ist es das noch längst nicht gewesen mit der Eisbahn. Die nötigen Minusgrade vorausgesetzt, verlängert sich die Freude bis Ende Januar. Auch der Weihnachtsmarkt um die Bahn bleibt stehen, wird flugs in Wintermarkt umbenannt. Die Glühweinkessel glühen. Da bleibt niemand kalt wie Eis.

Adresse Platz der Demokratie, 99423 Weimar-Altstadt (freilich nur im Winter) | **Anfahrt** bis Parkhaus Beethovenplatz, von dort zu Fuß nur wenige Meter zum Platz der Demokratie (Anna-Amalia-Bibliothek) | **Tipp** Wandeln auf den Spuren des großen Eises: Eiszeit-Denkstein im Park Belvedere, hier verlief die Südgrenze des nordischen Inlandeises im Quartär, mit Feuersteinlinie.

21 Das Eisenbahnmuseum

Wenn die Loks locken …

Zweimal im Jahr findet das Weimarer Eisenbahnfest statt, am letzten Maiwochenende und zum Zwiebelmarkt im Oktober. Da werden die einheimischen Lokomotiven auf Hochglanz geputzt und glänzen mit Gastlokomotiven, die teils von sehr fern herdampfen und -rattern, um die Wette. Eisenbahnpaparazzi suchen Lokomotiv-Motive. Dampf-, Diesel- und Elektroloks bilden dann zeitweilig die größte Thüringer Fahrzeugausstellung. Mit Parade vor dem Lokschuppen – sozusagen Germany's Old Lok-Model –, Führerstand- und Drehscheibenfahrten, Pendelschnupperfahrten und großer Modellbahnbörse. Ganz klein hat man die großen Stahlrösser auch sehr gern.

Ins Staunen kommt man auf dem Gelände des ehemaligen Bahnbetriebswerks Weimar aber nicht nur zum Eisenbahnfest, sondern fast das ganze Jahr über. Seit 1980 hat es den Status eines »Technischen Denkmals des Freistaates Thüringen«. Der Thüringer Eisenbahnverein kümmert sich um das Museum. Hier steht alles mit Lokomotiven und Waggons und weiteren rollenden und stehenden Bahngerätschaften voll. Museum heißt ja auch immer Sammlung. Die gleisgebundenen Jäger und Sammler haben es geschafft, Diesel- und Elektrolokomotiven aller bis zuletzt eingesetzten Baureihen der ehemaligen Deutschen Reichsbahn zu versammeln. Manche sind Vereinsbesitz, andere sind Leihgaben.

Dieser Geruch, diese Geräusche! Bahnfans schlagen die Herzen bis zum Hals, wenn sie lesen: Dieselloks der Baureihen 118, 119, 120, 132 und V 36 sowie mehrere Kleinlokomotiven. Dazu kommen die elektrisch betriebenen und natürlich die Glanzstücke jeder Eisenbahnsammlung: Dampflokomotiven! Auch Personen-, Schlaf-, Speise- und Güterwagen können besichtigt werden.

Technik, die begeistert. Alles Menschenwerk. Faszinierend, was unsere Vorfahren geschafft und geschaffen haben. Aber noch eine Frage: Warum darf der Totmannknopf nicht Totmannknopf heißen, sondern so lapidar-sachlich Sicherheitsfahrschaltung?

Adresse an der Eduard-Rosenthal-Straße (ohne Nummer), 99425 Weimar | **ÖPNV** Bus Linie 3, Haltestelle Eduard-Rosenthal-Straße | **Anfahrt** Eduard-Rosenthal-Straße stadtauswärts, der Ausschilderung folgen | **Öffnungszeiten** März–Okt. Mo, Di, Do, Fr, Sa 8–13 Uhr; an Feiertagen Besichtigung nur nach telefonischer Absprache: 0177/3385415 oder 0177/2406266 | **Tipp** Der Verein lädt auch zu Sonderfahrten ein (schnell Plätze bestellen, denn die sind meist in Stundenschnelle ausverkauft) oder organisiert solche für andere Vereine und Interessierte.

22 Die EJBW

Wo sich Europa bildet

Europa bildet sich. Der Kontinent bildet sich um zu einer großen staatlichen Gemeinschaft. Und deswegen muss Europa gebildet, also den Bürgern Wissen und Erfahrungen vermittelt werden, was und wie diese Ansammlung von vor gar nicht allzu langer Zeit heftig im Krieg miteinander liegenden Ländern es schaffen könnte, ein Gemeinwesen zu werden. Große Worte, große Erwartungen, große Enttäuschungen inbegriffen.

Und nun kommt die EJBW ins freie Spiel der demokratischen Kräfte. Abkürzungen sind praktisch, sagen aber praktisch nichts aus. Darum in voller Länge: Europäische Jugendbildungs- und Jugendbegegnungsstätte Weimar. Für die Ideenstifter dieser Schule ist Weimar ein Lernort. Hier lagen die Extreme nah beieinander: Kultur und Barbarei. Hier kann aber auch studiert werden, wie nach Faschismus, Krieg und Menschenvernichtung ein friedliches Land aufgebaut wurde, mit allen sozialen Rissen und demokratischen Gefährdungen. Junge Leute mit dem Virus Demokratie zu infizieren bedeutet, sie resistenter zu machen gegen Intoleranz, Extremismus und Fremdenfeindlichkeit. Wie auch sollen Fremde aus ganz Europa zu Freunden werden, wenn die Nachwachsenden keine Gelegenheit bekommen, Fremde kennenzulernen, ihnen zuzuhören, Erfahrungen auszutauschen, die im späteren Leben individuell zum Nutzen der Gemeinschaft anwendbar sind. Hier in Weimar werden Verbindungen geknüpft: im Kopf, zwischen Menschen, zwischen einander bekämpfenden Regional- und Interessengruppen. Reibungslos funktioniert das nicht. In dieser Enklave des europäischen Kollektivgeistes sollte man Harry Graf Kesslers Texte lesen, in denen ein friedliches Europa und ein Weltrat mit internationalem Gerichtshof bereits um 1920 vorgedacht waren. In der EJBW werden Brücken gebaut. Weimarer Schüler und internationale Jugendgruppen kommen zusammen. Europa hat viele Gesichter und bekommt ein neues. Kosmetische Operationen helfen da nicht.

Adresse Jenaer Straße 2/4, 99425 Weimar, www.ejbweimar.de | ÖPNV Bus Linie 2, Haltestelle Hellerweg/EJBW | Anfahrt Friedensstraße, dann rechts auf die Jenaer Straße (B 7) | Tipp Zur EJBW gehört auch das ehemalige Reithaus. Dort fand ab 1923 der Vorkurs des Bauhauses statt. Berühmte Lehrer und Schüler. Leider nicht für lange. Das Bauhaus, eine europäische Idee, musste Weimar verlassen.

23 Das Elefantenfest

Ein Fest von großer Seltenheit

Niederroßlas Wappen ziert ein großer Elefant. Im Volksmund neckt man die Niederroßlaer als Kitzelbacher. Beides gehört ursächlich zusammen. Aber erst seit 1857. Dabei ist Niederroßla nachweislich seit der Steinzeit besiedelt. Die germanischen Hermunduren haben zur Sonnenwende brennende Räder die Hügel runterrollen lassen. Radland heißt das heute, und Heilige Weiden und Thorleite gibt es auch. Slawen waren hier und freilich die für Thüringer Geschichte unvermeidlichen Franken. Vitzthum-Raubritter, Altenburger Grafen und sachsen-weimarische Herzöge samt Goethe folgten. Und dann kam Miss Baba.

Die Miss war eine indische Elefantenkuh, die in einem rollenden Versteck durch Mitteldeutschland zog. Lebende Elefanten waren Mitte des 19. Jahrhundert hierzulande singuläre Erscheinungen. Die Miss-Baba-Eigentümer von der »Wandermenagerie Kreutzberg« nahmen ein paar Kreutzer oder ähnliche Zahlungsmittel ein, wenn das schaulustige Volk die Kuh besichtigen wollte. Am 13. Februar 1857 gastierten Kreutzbergs in Niederroßla. Über Nacht kam Miss Baba in einen Stall. Dort drückte sie auf Futtersuche eine Wand ein und fraß die nebenan lagernden, vom Winter tiefgefrorenen Runkelrüben. Kreutzbergs mussten für Wand und Rüben zahlen und reisten ab. Das heißt, sie versuchten es. Die Miss bekam Koliken und brach noch auf Niederroßlaer Gebiet zusammen. Die Dörfler fürchteten, dass sie auf eigene Kosten den Kadaver beseitigen müssten, und so versuchten sie – allen voran der von Fasching und Alkohol aufgeputschte Männergesangsverein –, das Tier mit Kitzeln und Schlägen über die Flurgrenze zu bugsieren. Der Gesamtstress führte zum Exitus des Tieres. Man unkte, der Elefant sei totgekitzelt worden. Deshalb: Kitzelbach.

Nur alle fünfundzwanzig Jahre feiern die Niederroßlaer rund um das Elefantendenkmal ihre tierische Ehrenbürgerin. Das nächste Mal 2032. Schon mal im Kalender ankreuzen!

Adresse 99510 Niederroßla (bei Apolda) | **ÖPNV** Bus Linie 281 Weimar-Busbahnhof nach Apolda, dort weiter mit Linie 290 bis Niederroßla | **Anfahrt** von Weimar B 7 Richtung Jena, in Umpferstedt nach links auf die B 87 bis Apolda, dort links in die Apoldaer Straße Richtung Niederroßla | **Tipp** Die ehemalige Wasserburg ist das zweite Wahrzeichen des Ortes. Mit 57 Metern Höhe ist der Bergfried der höchste in Deutschland.

24 Der Engelbert-Schoner-Weg

Die Post wusste Bescheid

Der Engelbert-Schoner-Weg geht von der Heinrich-Jäde-Straße ab, ist nur kurz und meist, um die spielenden Kinder zu schützen, mit einem Tor verschlossen. Zur Adresse gehört ein neueres Wohngebietchen einer Weimarer Wohnungsbaugenossenschaft. An den modernen, etwas uniformen Häusern helfen großformatige Bilder noch leseunfähigen Kindern, ihr elterliches Haus zu finden. Die Bilder sind von Kinderhand in der Weimarer Malschule entstanden. Unter dem Areal ist viel Parkplatz in einem ehemaligen Bunker. Schöner wohnen in Weimar.

Und wer war nun dieser Schoner? Der Grafiker Engelbert Schoner, gebürtig aus Neuhaus am Rennweg, entwarf die ersten Thüringer Briefmarken nach dem Krieg, drei verschiedenfarbige Nadelbäume, auf dem sogenannten Weihnachts- oder Antifa-Block, unten die Aufschrift »Für die Opfer des Faschismus«, bezahlbar noch in Reichsmark, und zwar zwei. Heute berappen Briefmarkensammler bei ersichtlicher Fehlfarbe der linken Marke knapp 900 Euro. Schoner entwarf weitere Briefmarken, unter anderem zum Wiederaufbau des Deutschen Nationaltheaters und den Schillerblock zum 150. Todestag des Dichters sowie die gezahnten Sammelobjekte zur Naturschutzwoche 1957.

Schoner wohnte 30 Jahre lang in der Cranachstraße 29 in einer der beiden Atelierwohnungen unterm Dach, kniete gern auf dem Fußboden und malte und illustrierte glücklich vor sich hin. So entstanden auch die Zeichnungen für das »Taschenbuch der heimischen Singvögel«. Apropos: Es soll in der Atelierwohnung ein reges Tierleben gegeben haben. Schoner hatte einen Vogel, der war der Star in der Wohnung: Starli, handzahm, Mehlwürmerzucht für den Vogel auf dem Kachelofen inklusive. Der Grafiker war zu Lebzeiten – er starb 1977 in Weimar – so bekannt, dass Briefe mit der Adresse »An den Briefmarken-Schoner in Deutschland« angekommen sind.

Adresse Engelbert-Schoner-Weg, 99425 Weimar | **ÖPNV** Bus Linie 2, Endhaltestelle Shakespearestraße, dann zu Fuß durch die Heinrich-Jäde-Straße zum Engelbert-Schoner-Weg | **Anfahrt** über Humboldtstraße, Windmühlenstraße, dann rechts in die Heinrich-Jäde-Straße | **Tipp** Architekt und Ämter der Stadt Weimar stritten sich 1892 heftig, weil das Haus Cranachstraße 29 in »Scheunenarchitektur« errichtet wurde, also Lehmwände hat. Aufwendig musste rundherum Stuck aufgebracht werden. Der Neoklassizismus ist also nur Hülle. Nicht aufpickern!

25 Der Eulensteinsche Hof

Hier fuhr Goethe immer nur vorbei

Es war kurz nach dem Jahrtausendwechsel, da sagte ein Vertreter der Unteren Denkmalbehörde, man hätte schon Denkmale in schlechterem Zustand gerettet. Dabei sah es so aus, als sei der »Eulensteinsche Hof« unrettbar verloren. Spätestens als 1976 die letzte Besitzerin, Martha Eulenstein, mit 82 zu Grabe getragen wurde, schien keiner mehr verantwortlich zu sein für das Hofensemble. Der Zahn der Zeit nagte ausgiebig und hatte schon fast nichts mehr zum Kauen. Heute dürfte der Dreiseitenhof zu einem der schönsten Bauerngehöfte im Weimarer Land zählen. Viel Arbeit und viel Geld wurden in das Anwesen investiert. Nicht unbeträchtliche Summen spendete die »Deutsche Stiftung Denkmalschutz«.

In Stein gemeißelt steht an der Mauer, dass im Jahre 1599 des Herrn hier Wohnung war für Pfarrer Johannes Bock, der aufpasste, dass seine Schäfchen keine zu großen Böcke schossen, und wenn, dann aber auch gleich ab zur Beichte!

Der attraktivste Raum im Wohnstallhaus war schon immer die Bohlenstube, der einzige beheizbare und rauchfreie Raum des Hauses. Die Holzbohlenwände ließen die Wärme nicht so leicht entweichen, und die Sonne wärmte aus südwestlicher Richtung die Lehmschicht von außen. Wärmegewinn! Und wer einmal ein Schlitzrahmenfenster mit unterer fest stehender Verglasung und zwei übereinanderliegenden Schiebeflügeln sehen möchte, so etwas hat sich hier erhalten.

Original erhalten wurde auch die Raumaufteilung des Wohnhauses mit Stuben, Küche und Kammern. Aber so ein Denkmal muss heutig genutzt werden, und so versteckt sich eine Solaranlage auf dem Dach der Scheune. Unter dem Dach ist Platz für Kultur. Kleine Veranstaltungen stehen im Kalender. Kommen Kinder mit, unter anderem zum »Tag der offenen Gärten«, dann zeigt sich vielleicht die vorwitzige Haus-Maus Johannes und erklärt, was es so mit dem »Eulensteinschen Hof« auf sich hat.

Adresse Weimarer Straße 7, 99441 Großschwabhausen-Hohlstedt, www.eulensteinscher-hof.de | **ÖPNV** Bus Linie 253, Haltestelle Hohlstedt | **Anfahrt** von Weimar auf der B 7 Richtung Jena, über Umpferstedt, Frankendorf, Hohlstedt | **Öffnungszeiten** Veranstaltungen ersichtlich im Internet, Anfragen unter Tel. 036425/50335 | **Tipp** Von hier aus ist es nicht mehr weit bis Jena-Cospeda, wo man sich ein genaueres Bild von der Völkerschlacht bei Jena und Auerstedt machen kann. Ab und an wird historisch gewandet herumgeballert.

26 Der Experimentalbau

Mach dir mal 'ne Platte

Wie sagt der Polier? Ein Stein, ein Kalk, ein Bier! – Nein, sagt er natürlich schon lange nicht mehr. Ja, nach dem Krieg, als die zerstörte Infrastruktur beseitigt und neuer Wohnraum gemauert wurde, da vielleicht noch. Dieses Land ist auferstanden aus Ruinen, weil der Ziegeleiarbeiter während der Arbeitszeit Ziegel und in der Freizeit Schnaps brannte, der Maurer tagsüber die Kelle in die Hand nahm und nicht nur zum Richtfest die Bierflasche. Der Jungmaurer sang »Bau auf, bau auf«, und der Parteisekretär summte mit, weil er ja sonst nichts zu tun hatte. Stein auf Stein, das musste sein.

1955 änderte sich die Fertigungsart. Fest gemauert wurde nicht in die Erde des Bauplatzes, sondern Mauer für Mauer in der Vorfertigungshalle. Ziegelblockbauweise hieß das, die Bauserien L4 und Q3. Und dann *die* Innovation: die gegossene Betonplatte. Wohnungsbautypenwettbewerbe wurden ausgeschrieben, und der erste Preis 1963, die Plattenbauserie P2, gab dann fast flächendeckend den DDR-Einheits-Style vor. Warm, trocken und sicher, aber eben sehr einheitlich.

In Weimar und rundherum im damaligen Bezirk Erfurt brach man 1965 ein kleines bisschen aus dem Einheitsbetonbrei aus, baute einen eigenen Typ. So etwas muss man natürlich in der Praxis ausprobieren, dann das Experiment fortsetzen oder die geplante Serie in den Wind schreiben. Und darum trägt der Plattenbaublock in Weimar-Nord, der mit den vielen Fenstern rundherum, die Denkmalschutzplakette. Denn das ist der Muster- und Experimentalbau. Die Nullserie sozusagen. In dem fünfgeschossigen Bau gibt es 60 Zwei-, Drei- und Fünf-Raum-Wohnungen mit großen Fenstern ganz untypisch auch an den Querseiten. Eben doch ein bisschen was Eignes.

Spätestens ab Erfindung der vorgefertigten Nasszelle steckten die Bauingenieure ihre Zunge heraus und riefen im Chor: Ein Kalk, Einstein, ein Alkoholfreies!

Adresse Heldrunger Straße 27–37 (nur die ungeraden Hausnummern), 99427 Weimar | **ÖPNV** Bus Linien 5 und 6, Haltestelle Heldrunger Straße | **Anfahrt** stadtauswärts Ernst-Thälmann-Straße, Ettersburger Straße, links abbiegen in die Heldrunger Straße | **Tipp** Ettersburger Straße 110: Da verfällt das 1938 errichtete Offiziersheim, das bis 1992 auf Militärgelände stand. Friedliche Hauswiederbelebungsideen und Investoren dringend gesucht!

27 Das Facharztzentrum

Noch ein Pfeiffer mit drei »f«

Ludwig Karl Heinrich Pfeiffer (1842–1921) machte seinem Namen alle Ehre, denn auf Fotos schmaucht er gemütlich sein Pfeifchen. Der Leibarzt der Großherzogin Sophie war ein hervorragender Doktor, kompetent, geduldig, auch bei nicht adeligen Patienten. Er pfiff keinen unfreundlich an. Pfeiffer war Bauherr des Wohnhauses Gropiusstraße 8 (ehemals Dingelstedtstraße). Kein überkandideltes Bauwerk, sondern funktional: Sprechzimmer und Wartezimmer integriert. Otto Minkert – auch Architekt des Goethe- und Schiller-Archivs – entwarf die Villa.

Pfeiffer füllte mehrere Ehrenämter aus, war verantwortlicher Redakteur vom »Korrespondenzblatt des Allgemeinen Ärztlichen Vereins von Thüringen«, Mitbegründer des Sophienhauses und des Museums für Urgeschichte Thüringens. Der Geheime Hof- und Medizinalrat betätigte sich in seiner Freizeit als Paläontologe und Amateurausgräber. Er saß viele Jahre im Kommunalrat, förderte privat mehrere Vereine, unter anderem die Hainturm-Gesellschaft. Ein Aktivbürger.

Und so sorgte man schon zu seinen Lebzeiten für ehrende Erinnerung an ihn: Südöstlich des Belvederer Parks liegt »Pfeiffers Ruh« und plätschert die »Pfeifferquelle«. Pfeiffers Sohn verkaufte die Villa. Ein paar Jahre leuchtete in Goldbuchstaben »Beamtenbank« über dem neuen Eingang Hummelstraße.

1952 machten sich die Theater-Leute selbst ein Weihnachtsgeschenk und eröffneten hier ihren Club mit der Gaststätte »Pierrot«. Einige Subbotniks später gab es auch einen Kindergarten und eine Konsumverkaufsstelle, Bibliothek mit Lesezimmer, Jugendzimmer, Dunkelkammer sowie einen Raum für bühnentechnische Versuche. Hausherr war nun die Künstlergewerkschaft. Zutritt hatten DNT-Leute und ihre Familienangehörigen sowie die Volkspolizisten aus Holzdorf – die hatten einen Freundschaftsvertrag mit dem DNT.

Heute ist die Villa Facharztzentrum. So schließt sich der Kreis.

Adresse Gropiusstraße 8, 99423 Weimar | ÖPNV Bus Linien 1, 2, 5, 6, und 8 bis Haltestelle Gropiusstraße | Anfahrt Richtung Theater, hinter demselben befindet sich das Facharztzentrum | Tipp In der Hummelstraße 4 steht die kleine, schmucke Villa Werther, erbaut 1887/88. Hat gar nichts mit dem verliebten Goethe-Dödel zu tun, sondern mit dem Weimarer Posthalter und Spediteur Gustav Werther.

28 Die Falksche Anstalt

Von spöttischer Distanz zu sozialer Nähe

Vom Haus schaut er in Bronze herab auf die Straße, die nach ihm benannt ist: Falkstraße. Dabei war er nie in diesem Haus, der Johannes Daniel Falk, gebürtig aus Danzig, wo er gegen den Willen seines Vaters das Gymnasium besuchte. Falk war sprachbegabt in zweierlei Hinsicht: Fremdsprachen lernte er schnell, und die deutsche Sprache nutzte er gern, um Humoristisches und vor allem Satirisches zu schreiben.

Der Hang zum Verblödeln brachte ihm Minuspunkte bei Goethe ein und die Bemerkung, er sei ein Narr, der eingesperrt gehöre. Dabei hatte er nur Goethe- und Schiller-Stücke in seinem Puppenspiel »Die Prinzessin mit dem Schweinerüssel« parodiert.

Trotzdem wurde Falk Weimarer Ehrenbürger. Wegen seines Aussehens? Wilhelm von Humboldt beschrieb Falk immerhin als schönsten unter den erdgeborenen Männern. Nein, aus mindestens zwei ganz anderen gewichtigen Gründen. Als in der Stadt napoleonische Truppen marodierten, lenkte Falk unter Einsatz seines Lebens und seiner guten Sprachkenntnisse die Plünderungen der hungrigen Horden in halbwegs geordnete Bahnen. Napoleon schenkte ihm für seine Vermittlerdienste eine Vase. Und Falk gilt als Begründer der Jugendsozialarbeit. Am 11. Mai 1813 gründeten er und weitere Weimarer Bürger die »Gesellschaft der Freunde in der Not«. Falk wurde der erste Heimleiter eines Rettungshauses, nahm viele Straßenkinder auf, erzog sie und ließ sie in Handwerksberufen ausbilden.

Und es gibt einen dritten Grund. Falk hörte nie auf zu schreiben. Gern verfasste er Lieder für seine Zöglinge. Und so entstand – auf die Melodie des italienischen Liedes »O sanctissima, o purissima, dulcis virgo Maria« – die erste Strophe eines der schönsten deutschen Weihnachtslieder. Strophe zwei und drei fügte Heinrich Holzschuher an. Vielleicht singen die Bewohner der Falkstraße in der gnadenbringenden Weihnachtszeit ja auch »O du fröhliche«.

Adresse Falkstraße 7, 99423 Weimar | ÖPNV Bus Linie 8, Haltestelle Röhrstraße, dann zu Fuß durch die Herbststraße in die Falkstraße | Anfahrt stadtauswärts durch die Bertuchstraße, vorbei am Weimarhallenpark, Asbachstraße, dann schräg rechts in die Falkstraße | Tipp Das Falk-Museum im Lutherhof, Luthergasse 1a, zeigt Napoleons Vase, eine Falkbüste und weitere Schaustücke (Anmeldung ist erforderlich über kontakt@johannesfalkverein.de oder Tel. 03643/805773).

29 Fallerslebens Wohnhaus

Weimar, Weimar – nicht über alles

Der Zufall will's, hier folgt gleich der nächste Liederdichter: August Heinrich Hoffmann, der seinem Namen seinen Geburtsort anhängte: Fallersleben.

Als die Deutschen noch lyrik-verrückt waren, so um 1840 herum, kauften sie über 12.000-mal Fallerslebens »Unpolitische Lieder«. Die preußische Regierung fand die Lieder gar nicht so unpolitisch, sie seien eher liberal, was damals ein anderes Wort für staatsfeindlich war. Und so verlor Fallersleben seine Professur, die Pension wurde ihm gestrichen und noch schlimmer: Man entzog ihm die Staatsbürgerschaft, verwies ihn des Landes. Nun irrte er als Persona non grata quer durch Deutschland, immer wieder vertrieben, unter anderem dreimal aus seinem Geburtsort. Fallerslebens Eintreten für ein einheitliches Deutschland war den Preußen ein Dorn im Auge. 1841 verfasste er auf der damals englischen Badeinsel Helgoland das Lied, dessen dritte Strophe wir als Nationalhymne singen. Aus gutem Grund nur die, denn in den anderen bereimte Fallersleben geografisch überbordenden Nationalismus und ein nicht mehr ganz so modernes Frauenbild. Außerdem besang er darin überschwänglich der Deutschen Droge Nummer eins, den Alkohol.

Fallerslebens Weimarer Jahre in der Leibnizallee waren oft von Not geprägt. Aber es gab auch Freudenstunden. 1855 wurde hier Sohn Franz Friedrich geboren, benannt nach den Paten Franz Liszt und Friedrich Preller.

»Die Firma Goethe-Schiller / erloschen schon seit langer Frist, / Doch gibt es hier noch Krämergesellen, / die wissen sich so anzustellen, / als wäre die Firma von altem Ruhm / Ihr rechtlich erworbenes Eigentum.« Solche Zeilen las man in Weimar ungern. Desto lieber sangen die Eltern mit ihren Kindern: »Alle Vögel sind schon da« und »Ein Männlein steht im Walde« und »Der Kuckuck und der Esel«. Diese und weitere bekannte Kinderlieder sind von jenem Herrn Hoffmann aus F. Eine Gedenktafel erinnert hier an ihn.

Adresse Leibnizallee 4, 99425 Weimar | **ÖPNV** Bus Linien 2 und 9, Haltestelle Hellerweg, zu Fuß durch die Musäusstraße in die Leibnizallee | **Anfahrt** stadtauswärts Jenaer Straße (B 7), am Goethe- und Schiller-Archiv in die Hans-Wahl-Straße, dann bis Leibnizallee | **Tipp** Der »Hofjude« Jacob Elkan erbat sich 1774 von Herzogin Anna Amalia ein Grundstück in der Leibnizallee zur Bestattung seiner Familienmitglieder. Der jüdische Friedhof Weimar wurde 1980 wiederhergestellt, 1983 eingeweiht. Dort kann man auch über Fallerslebens Antisemitismus nachdenken.

30 Familienhotel Weimar

Alles öko oder was?

Das Hotel ist »Holzklasse«. Dieses Wort ist ja seit Abschaffung der dritten Klasse in Schienenfahrzeugen frei, warum es nicht als ökologisches Fünf-Sterne-Wort in die Hotelkategorisierung einführen? Denn dieses in Weimar einzigartige Hotel ist fast komplett aus Holz errichtet. Ein Novum in einer deutschen Innenstadt.

Die Wände sind lehmverputzt oder mit unbedenklicher Lasur gestrichene Fichtenpaneele. Auf Chemie wurde beim Bauen verzichtet. Das Mobiliar ist ausschließlich aus Holz. Im Keller steht ein Gas-Blockheizkraftwerk, sodass das Hotel sich zum großen Teil selbst mit Strom versorgt und die Abwärme zum Heizen nutzen kann. Sogar an die Reduzierung von Elektrosmog hat man gedacht. Moderne Architektur und ökologisches Bauen gingen hier Hand in Hand.

Das Händchenhalten ist auch ein gutes Bild für die Belegung des Hotels. Es ist ein Familienhotel. Kinder sind ausdrücklich erwünscht. Man setzt auf die große Nachfrage nach familiengerechten Mehrzimmerlösungen. Die Ferienwohnungen haben eine Küche, Babyausstattung nach Wunsch, Waschmaschinen zur kostenlosen Nutzung und dazu den gesamten Hotelkomfort. Die Kinder können den Eltern und anderen Hotelgästen aufs Dach steigen, denn dort ist ein Spielplatz. Autos fahren keine am Haus vorbei, das verhindert die Enge der Seifengasse, und ihr Kopfsteinpflaster ist auch nicht unbedingt autofreundlich. So hört man die Vögel zwitschern, wähnt sich abseits des großen Touristenstromes und befindet sich doch nur wenige Meter vom Goethehaus entfernt.

Im Erdgeschoss des Hotels lädt »Gretchens Restaurant und Café« zum gastronomischen Verweilen ein. Die Kinder verschwinden meist gleich in der restauranteigenen Kletterhöhle. Auch für Nichthotelgäste! Sogar für Weimarer: Mal da essen, wo andere Urlaub machen; bei schönem Wetter auf der Dachterrasse neben Lavendel und Kräutern sitzen und genießen.

Adresse Seifengasse 8, 99423 Weimar | Anfahrt bis Parkhaus Beethovenplatz, zu Fuß in die Seifengasse (eine Gasse in T–Form), nach links | Tipp Die Weimarer Mal- und Zeichenschule, Seifengasse 16, ist eine der ältesten Kunstschulen ihrer Art in Deutschland. Künstlerisch-praktische Bildungsangebote für alle von jung bis alt. Kurse, Workshops, zahlreiche Ferienaktionen.

31 Familientheater Arenhövel

Nur alle vier Jahre

In manchen Familien ist dauernd Theater, andere machen es. Diese Familie ist ein bisschen verrückt, verrückt nach Theater. Und es sind genügend Familienmitglieder vorhanden, um alles selber zu machen: von der Idee über Texten und Komponieren bis zu Kostüme-Schneidern, Regie und Schauspielern. Der Aufwand, so etwas privat zu stemmen, ist freilich groß, und darum hat sich ein Vier-Jahres-Rhythmus herausgebildet. Zu den Proben reisen sie alle an, die Erwachsenen nehmen ihren Jahresurlaub, um dabei zu sein. Die Großfamilie ist weit verstreut – sie kommen aus Kassel, Oldenburg, Braunschweig, aus Greiz, Halle, Frankfurt und Heidelberg und gar aus Wien. Applaus ist der Lohn für die harte, weil sehr kompakte Probenzeit. Von jeder Inszenierung wird dann eine Aufführungsserie gespielt.

Schon bevor Mitte der 60er Jahre das Theater in die Natur gebaut wurde, war die damals zehnköpfige Familie als eine Art Thüringer Vorläufer der Kelly-Family regional unterwegs und bekannt. Vater Musiklehrer, Mutter Kunstgewerblerin, acht musikalisch talentierte Kinder. Und diese Talente konnten sich dann alle in den märchenhaften Singspielen auf der Bühne ausleben, als König Drosselbart, Aladin oder Schweinehirt, Zwerg Nase, Kalif Storch oder Froschprinzessin Quakuschka und in den vielen kleinen und großen Rollen.

Im Familientheater, natürlich auch von familieneigener Hand erbaut, haben mehr als 200 Zuschauer Platz. Das Wetter spielt immer mit, leider nicht immer zur Freude aller Beteiligten.

In den vier Jahren bis zur nächsten Inszenierung ist es nicht vollständig still auf der Bühne im Legefelder Wald. Beim Sommersingen erklingen die Lieder aus den Märchenspielen wieder, auch Klassisches und Spirituals. Wer das Freiluftereignis in Legefeld besucht, sollte Sitzkissen oder Decke mitbringen – und eine Taschenlampe für den Heimweg.

Adresse Zur Waldbühne, 99428 Weimar-Legefeld | **ÖPNV** Bus Linie 6, Haltestelle Parkallee, zu Fuß weiter Richtung Sportplatz, dann Waldweg zur Bühne | **Anfahrt** von Weimar über die B 85 bis Legefeld, dort Richtung Sportplatz, parken und zu Fuß weiter, der Ausschilderung folgen | **Tipp** Ein weiteres »handgefertigtes« Thüringer Freilufttheater ist das »AmViehTheater« in Beulbar bei Bürgel. Auf der Bühne agieren die Künstler, davor eine große Feuerschale, nebenan grast das Vieh. Eine Kultur-Idylle mit ganz unidyllischem Programm.

32 Das »Fettnäppchen«

Was Geraer im Weimarer Land suchen

Jetzt wird es ganz kompliziert: Diese Seite ist einer Kleinkunsteinrichtung gewidmet, die einerseits eigentlich in Gera zu verorten ist, andererseits durch Abspaltung auf Erfurter Territorium im Weimarer Land spielt und gleichzeitig direkt daneben. Dröseln wir das Wirrknäuel einfach auf: Das Kabarett »Fettnäppchen« gibt es seit DDR-Zeiten. Nach der Wende war es das erste privat geführte Kabarett im Osten. Die damalige Privatisiererin ist heute immer noch Chefin des immer noch existierenden Kabaretts, was im strukturschwächelnden Gera nicht leicht war und ist. Hut ab! Rein in den Höhler unterm Rathaus, in die Geraer »Fettnäppchen«-Stammspielstätte.

Ebenjene Chefin – Markenzeichen: Beliebtheit wegen gewisser Beleibtheit plus markiger Stimme – investierte viel Geld in eine zweite Spielstätte. Das ist der 1912 erbaute Dorfgasthof, von dem in den 1990er Jahren nicht viel Funktionierendes übrig war. Im Mai 1995 eröffneten die Kabarettisten die Spielstätte Kapellendorf. Zwei »Fettnäppchen«-Mitspieler machten später ihr eigenes Brettl in Jena auf, diese zwei bespielen im Sommer den Innenhof der Wasserburg Kapellendorf – und das ist Erfurter Territorium. Somit dürfte Kapellendorf das einzige Dorf der Welt sein, in dem zwei Kabaretts existieren.

Im »Alten Gasthof« wird rund ums Jahr gespielt, zumeist Donnerstag bis Sonntag. Das Programmangebot ist bunt, reicht von deftiger Politsatire bis zu mordsmäßigen Lesungen und kabarettistischen Desserts, die zum Sonntagsbrunch offeriert werden.

Im Saal haben 150 lachlustige Besucher Platz. In der Gaststätte gibt es für maximal 80 Leute gepflegte Thüringer Küche. Nebenan in der Wasserburg spielen die nunmehrigen Jenaer Kollegen, gern mit Pferd, locker-flockiges, flottes Sommerkabarett.

Um noch einmal auf die Unter-Überschrift zurückzukommen: Was also suchen Geraer im Weimarer Land? Zahlendes Publikum. So einfach.

Adresse Apoldaer Straße 3, 99510 Kapellendorf, www.kabarett-fettnaeppchen.de | **ÖPNV** Bus Linie 253, Haltestelle Kapellendorf | **Anfahrt** von Weimar auf der B 7 Richtung Jena bis Frankendorf, dort links abbiegen Richtung Kapellendorf | **Öffnungszeiten** siehe Spielplan auf der Homepage | **Tipp** In der historischen Wasserburg und auf dem Sperlingsberg, dem Feldherrenhügel der Preußen in der Schlacht gegen Napoleon 1806, kann man fast noch den Pulverdampf riechen.

33 Das Flughafenhotel a. D.

Vergessene hochfliegende Pläne

Sollte eines Tages am Haus Lindenberg 27 der Putz wieder abbröckeln, könnte Verwunderliches zutage treten: »Am Flughafen«, einst Restaurant und Hotel, gleich neben Weimars Überlandflugplatz »Neunzig Äcker«.

Anlässlich der Deutschen Nationalversammlung 1919 war Weimar Zielort der ersten deutschen Zivilfluglinie. Am meisten freute sich darüber der Rechtsanwalt Georg Mardersteig, Vorsitzender des Luftverkehrsvereins. Im Juni 1911 war am Webicht die »Mitteldeutsche Fliegerschule« eröffnet worden. Damals wurde nur geflogen, wenn sich – Fliegergesetz! – ein entfaltetes, in die Luft gehaltenes Taschentuch nicht bewegt. Darum bewegte sich zur Eröffnung auch kein Aviatiker in den Himmel.

Melli Beese, die – trotz schärfsten männlichen Widerstands – erste deutsche Frau am Himmel, startete von hier aus zu Trainingsrunden. Weimar war auch ein schöner Landeplatz. Im März 1911 landete hier Luftfahrtpionier Emile Jeannin nach einem Flug mit seinem »Aviatik-Doppeldecker«, gestartet in Gotha. Lohn der Pioniertat: 2.000 Mark. Wäre er nur bis Erfurt gekommen, hätte sich das Preisgeld halbiert. In Weimar bejubelte ihn eine 1.000-köpfige, begeisterte Menschenmenge.

Vier Fliegerhallen für acht Flugzeuge, 14 mal 14 Meter jeweils und fast 5 Meter lichte Höhe, errichtet nach dem Otto-Hetzer-Verfahren (siehe Seite 122), standen hier, daneben ein Verwaltungs- und Clubhaus. 1919/20 ging täglich 9.30 und 14.30 Uhr ein Luftpost-Flug nach Berlin. Das Geschäft lohnte sich aber bald ebenso wenig wie der Personenflugverkehr. 1927 gab es im gesamten Jahr nur 68 Fluggäste. Ein Jahr später strich die Weimarer Stadtvertretung alle Subventionen. Und so wurde Platz für den Sportplatz.

Und Georg Mardersteig? Der warf sich wieder in die Rechtsanwaltsrobe und – das Wortspiel sei erlaubt – mauserte sich zum Begründer der modernen deutschen Jagdgesetzgebung.

Adresse Lindenberg 27, 99425 Weimar | **ÖPNV** Bus Linie 9, Haltestelle Lindenberg | **Anfahrt** stadtauswärts B 7 Richtung Jena, Jenaer Straße, geht in Lindenberg über | **Tipp** Vom Flugplatz Weimar-Umpferstedt kann man zu Rundflügen starten. Wer selbst ins Cockpit will, muss in Umpferstedt Flugstunden nehmen (anmelden per Tel. 03643/518251, vorher Erklärung über schwebende Strafverfahren abgeben und Führungszeugnis – Belegart N – vom Einwohnermeldeamt einholen).

34 Die Forellenanlage

Schubart und Schubert und Weimarer Fische

In einem zumeist hellen Bächlein im Kirschbachtal – es gab auch schon Eintrübungen durch menschliche Stoffwechselendprodukte, was zum elenden Garaus der gesamten Population führte –, da schießt in froher Eil' nicht nur die eine Forelle, sondern Forellen in vierstelliger Zahl. Sie bevölkern – von der Babyforelle, frisch geschlüpft aus dem Laich, über verschiedene Gewichtsstufen in verschiedenen Abteilen bis zum ausgewachsenen Exemplar – die kleine Forellenzuchtanlage. Hier steht auch kein Fischer mit der Rute, denn Einzelfischfang mit Fliege schön und gut, aber dann würden Freitag oder Samstag, wenn zum Verkauf geöffnet ist, die Leute Schlange bis zur Damaschkestraße oder weiter stehen.

Ja, es ist schon ein schönes Lied, das Schubart und Schubert da geschrieben und komponiert haben. Wenn »Die Forelle« so dahertiriliert wird, weiß man dann eigentlich, dass dies ein Freiheitslied ist? Der Textautor Christian Friedrich Daniel Schubart war ein stark musikalisch geprägter Dichter, und er war vor allem ein kritischer Kopf. Der württembergische Landesherr Carl Eugen verkaufte Landeskinder als Kanonenfutter nach Amerika, mit dem Geld finanzierte er auch seine Mätresse Franziska von Hohenheim, die Schubart als »Lichtputze, die glimmt und stinkt« verspottete. Es dürfte klar sein, welches Licht Franziska putzte. Diese Frechheiten trugen Schubart zehn Jahre Festungshaft auf dem Hohenasperg ein (wo ihn Schiller übrigens einmal inkognito besuchte). Zwischen den Zeilen des Forellen-Liedes kann man Schubarts Freiheitswunsch entdecken. Um das allzu Offensichtliche zu verschleiern, schrieb Schubart eine vierte Strophe, in der alle Jungfern vor Wesen mit Rute gewarnt werden.

Tja, was einem so einfällt, wenn man an der seit 1978 im Kirschbachtal existierenden Forellenzuchtanlage steht. Es riecht wunderbar nach Räucherfisch. Eine Kutsche rattert vorbei, und man kommt ins Träumen …

Adresse Kirschbachtal 1F, 99425 Weimar | **ÖPNV** Bus Linie 3, Haltestelle Damaschkestraße | **Anfahrt** über Erfurter Straße, Damaschkestraße, ein kleines Stück Paul-Schneider-Straße, dann gleich rechts | **Öffnungszeiten** Fr 16–18 Uhr, Sa 9–13 Uhr; neben den Öffnungszeiten telefonische Terminvereinbarung möglich: 0160/2817017 | **Tipp** Für Pferdefreunde: Reiterhof Melchert, Lämmerrainweg 28 – Reitunterricht, Pferdepension, Ausritte, Kutschfahrten, auch Pferdekauf ist möglich (Norikerzucht).

35_Fotoatelier Louis Held

Der Held der Weimarer Welt

Von Franz Liszt gibt es geradezu seelenvolle Porträtfotos, die der gebürtige Berliner Louis Held in Liszts letzten Lebensjahren machte. Eine lukrative Geschäftsidee übrigens, denn die Fotos gingen weg wie die sprichwörtlichen warmen Semmeln. Auch die uns heute bekannten Fotos von Henry van de Velde, ebenso wie fast alle Aufnahmen von dessen Weimarer Arbeiten, stammen von Held.

Held eröffnete am 1. April 1882 in der Schillerstraße 16 sein Fotoatelier, das anfangs auf Porträtaufnahmen spezialisiert war. Der Kameraverrückte, der sich schon als Kind Fotografierapparate aus Zigarrenkisten selbst bastelte, hatte endlich ein eigenes Geschäft. 1888 erhielt er Weimarer Bürgerrecht und durfte sich »Großherzoglicher Hofphotograph« nennen. Aber nur bis 1905. Da fotografierte er die verstorbene Großherzogin Caroline auf dem Totenbett und verkaufte das Bild an eine Berliner Zeitung. Der deshalb höchstlich aufgebrachte Großherzog bestellte Held zu sich, ohrfeigte und peitschte ihn. Ein Grund mehr, sich vom Weimarer Hof zu entfernen und Weimar, Thüringen und die Welt zu fotografieren. Vom Kanalisationsbau über die Erstfahrt der Straßenbahn in Weimar und die Eröffnung des Goethemuseums bis hin zur Nationalversammlung – Louis Held war immer mit seiner Kamera dabei. Er fotografierte in Berlin, Hamburg und Wien. Seine Bilder erschienen in Zeitschriften, wurden ausgestellt.

Ab 1902 widmete er sich auch dem ganz neuen Medium Film. Die ersten Aufnahmen der später weltberühmten Schauspielerin Lil Dagover – als Tänzerin in einem Weimarer Park – filmte Held um 1910. Ab November 1912 liefen Helds Filme in seinem Kino »Reform-Lichtspiele« hinter dem Atelierhaus in der Marienstraße. Heute stehen dort die Druckmaschinen der Bauhaus-Uni. Und vorn ist immer noch ein Fotoatelier. Modern, allen Ansprüchen gewachsen – mit sorgsamem Blick zurück auf die Schätze, die Held hinterlassen hat.

Adresse Marienstraße 1, 99423 Weimar | ÖPNV Bus Linien 1, 5, 6, und 8, Haltestelle Wielandplatz | Anfahrt parken in der Steubenstraße oder im Parkhaus Beethovenplatz, Fotoatelier am Beginn der Marienstraße, gleich am Wielandplatz | Öffnungszeiten Mo–Fr 9–18 Uhr, Sa 10–14 Uhr | Tipp 42 Louis-Held-Filme sind erhalten, darunter »Die Eröffnungsfeier des Weimarer Flugplatzes«. Bei Veranstaltungen ab und an öffentlich auch in Weimar zu sehen.

36 Die FOTOTHEK

Fachgeschäft für vergessene Privatfotografien

Die Einrichtung ist zeitweilig, aber man hofft auf längere Zeitweiligkeit. Die Fotothek und die von dort ausgehenden Aktivitäten beleben die Kunststadt Weimar auf eine ganz eigene, überraschende Weise. Zunächst ist es die Kunst des Sammelns. Wo alte, zumeist schwarz-weiße Fotos herrenlos werden, ist die Künstlerin Anke Heelemann zur Stelle: auf Flohmärkten, bei Haushaltsauflösungen, auf dem Sperrmüll. Auch durch Bilderspenden gelangen Fotos hierher. Schnappschüsse von gelebten Leben, deren Protagonisten nie welche waren. Die Künstlerin sichtet und sortiert, denn sie hat festgestellt, dass man ihren rund 200 Kategorien fast jedes Foto zuordnen kann: Hochzeit, mit Zuckertüte, mit Lichtflecken, mit Fotograf als Schatten mit drauf. An den Sammelkästen steht vorn: »Prost«, »Hände hoch«, »Eingedellte Kissen« – was die Angewohnheit meint, den Kissen einen Handkantenschlagkniff mittig zu verpassen, und diese Kissen findet man auf Fotos in Menge. »Napoleon«, steht auf einem Kasten, drin nur Fotos, wo zumeist Männer in der berühmten handversteckenden Pose erwischt wurden. »Blitzableiter« – da wächst den Fotografierten immer etwas Stabartiges aus dem Kopf. Blöd getroffen! Nicht immer zeigte sich der hinter der Kamera als Kamerad.

Eigentlich sind das wertlose Fotos. Aber mit jedem Tag fototechnischen Fortschritts werden das wertvollere Objekte. Eigentlich ist das jetzt schon ein abgeschlossenes Sammelgebiet.

Mit den Fotos startet die Fotobewahrerin witzige Aktivitäten, zum Beispiel werden zehn Bilder als Dia an die Wand geworfen, und ein mutiger, wortgewandter Mensch denkt sich live eine Geschichte dazu aus. Eine neue Form von Improvisationstheater. Augenzwinkerndes mit ernstem Hintergrund. Oder die Künstlerin geht mit einem Fotobauchladentheater auf Reisen. Manchmal gibt es Lesungen aus alten Fotoratgebern. Im Schaufenster dreht sich auf einem alten Plattenteller das Bild des Monats.

Adresse Karl-Liebknecht-Straße 10, 99423 Weimar | **ÖPNV** mit einem der Busse bis Goetheplatz, weiter zu Fuß Richtung Neues Museum | **Anfahrt** ins Parkhaus am Neuen Museum, zu Fuß Richtung Goetheplatz | **Tipp** Gegenüber im Stadtmuseum findet man nicht nur eine ständige Ausstellung, sondern wechselnde Expositionen zu vielfach überraschenden Themen. Oft ganz ohne Goethe. Das geht, auch in Weimar.

37 Frankens Ecke

Eine Scheune hat es in sich

Ganz unscheinbar, eine alte Scheune eben. Aber hinter der verwitterten Tür steckt die älteste Bauernstube Thüringens. Die Denkmalpfleger formulieren vorsichtig: »die älteste bisher bekannte«, aber eine noch ältere wurde bisher eben nicht bekannt. Die dendrochronologischen Untersuchungen ergaben: Das Balkenholz für die Bohlenstube des Wohnstallhauses wurde 1462 geschlagen. Die ursprüngliche Verwendung geriet in Vergessenheit, als das Haupthaus der Familie Franke gebaut wurde. Nach einem der vielen gleichnamigen Bauern ist »Frankens Ecke« benannt.

Auf den gut 20 Hektar, die zu dem Hof gehörten, gab es viel Arbeit, aber auch Erträge in Hülle und Fülle. Hier wurden alle Tierarten gehalten, die der mitteldeutsche Mensch zum Verzehr vorgesehen hatte: Schweine, Kühe, Schafe, Hühner, Gänse, Enten, Puten. Pferde – auch Pferde!! Aber Lasagne stand eigentlich nie auf dem Speisezettel der Bauern.

1945 kamen die Amerikaner und legten die Füße auf den Tisch in der guten Stube des Wohnhauses. Als sie gingen, fehlte einiges. Dann kamen sowjetische Soldaten, guckten, was noch zu holen war, und quartierten sich in der Waschküche ein. Auf der Wiese am Haus mussten 1945 kleine und große Nazis einen Tag und eine Nacht wartend stehen, bevor sie nach Buchenwald gebracht wurden.

Als die Bauern sich mehr oder weniger freiwillig auch in Gaberndorf zu einer Landwirtschaftlichen Produktionsgenossenschaft zusammenschlossen – die im Übrigen recht erfolgreich wirtschaftete –, kamen Frankes Tiere auch in gemeinsame Ställe. Als alle Tiere vom Hof waren, sagte Mutter Franke, endlich könne man Urlaub machen. Eine Woche Ostsee war dann *das* Ereignis. Nach der Wende wäre das Grundstück beinahe zu einer Saunalandschaft geworden. Klappte glücklicherweise nicht. So ist das versteckte Juwel erhalten geblieben. Mit feuergeschwärzter Wand, alten Halbbohlen und einer Bruchsteintonne als Keller.

Adresse Frankens Ecke 3, 99428 Weimar-Gaberndorf | ÖPNV Bus Linie 225, Haltestelle Daasdorfer Straße | Anfahrt über die B 7/B 85 bis Abzweig Daasdorfer Straße, in Gaberndorf, bei der Kirche kurz Dorfring, gleich linker Hand Frankens Ecke | Öffnungszeiten zum »Tag des offenen Denkmals«, sonst nur von außen zu besichtigen | Tipp Die siebenbogige Naturstein-Eisenbahn-Brücke bei Gaberndorf wurde 1845 gebaut und ist damit eines der ältesten Zeugnisse Thüringer Bahn-Geschichte. Sieht leider seit Bau der Umgehungsstraße etwas betoniert aus.

38 Fürnbergs Haus

Die Partei hat nicht immer recht

»Alt wie ein Baum möchte ich werden, genau wie der Dichter es beschreibt«, singen die Puhdys-Altrocker. Welches Gedicht von welchem Dichter meinen die? Der Nachlass dieses Dichters befindet sich im Archiv der Akademie der Künste in Berlin. Seine ersten Gedichte veröffentlichte er 1927 in deutschsprachigen Prager Zeitungen. Selbst eher einer von den Sanften, den Rilkeverehrern, setzte er sich ans Klavier und spielte und sang – dass es den Zuhörern kalt über den Rücken lief – makabre Wedekind-Lieder und deftige Villon-Balladen. Er gründete eine kabarettistisch-agitatorische Spielgruppe, schrieb Lieder, Gedichte, später auch Romane, Dramen, Kantaten.

Die Nazis inhaftierten und folterten ihn. Seine Familie starb im Holocaust. Er konnte entkommen und kam über Italien, Jugoslawien, Palästina nach dem Krieg zurück nach Prag, war Kulturattaché der Tschechoslowakei in Berlin und ab 1954 als stellvertretender Leiter der Nationalen Forschungs- und Gedenkstätten der klassischen deutschen Literatur sowie als Mitherausgeber der »Weimarer Beiträge« tätig. 1955 wurde er Mitglied der Deutschen Akademie der Künste. Die »Mozart-Novelle« und »Begegnung in Weimar« (über ein Treffen des polnischen Nationaldichters Mickiewicz mit Goethe) sind Weltliteratur.

Nur 48 Jahre waren ihm auf dieser Erde vergönnt, in diesem Leben, nach dem er als Toter Heimweh haben werde, wie er in seinem Gedicht »Epilog« schrieb, dies Leben, in das der Atheist in buddhistischem Sinn immer wieder zurückkehren wollte.

Alt wollte er werden wie ein alter Baum, unter dem sommerfrohe Wanderer Schatten fänden, aus sagenhaften Zeiten ragend, durch die der Schmerz hindurchging, ein böser Traum, hineinragen in eine Zeit, in der die Menschen sagen können: O wie wir glücklich sind!

Louis Fürnberg starb 1957 und schrieb nicht nur dieses Lied von der Partei, der Partei, die immer recht hat.

Adresse Rainer-Maria-Rilke-Straße 17, 99425 Weimar | ÖPNV Bus Linie 5 fährt eine Schleife, auf dem Rückweg in die Stadt Haltestelle Rainer-Maria-Rilke-Straße | Anfahrt Stadtring Trierer Straße bis Poseckscher Garten, dann rechts in die Rudolf-Breitscheid-Straße über Kreuzung geradeaus in die Rainer-Maria-Rilke-Straße | Öffnungszeiten Haus und zugehöriger Garten sind nur von außen zu besichtigen. | Tipp Wer dem Dichter Fürnberg Auge in Auge gegenüberstehen möchte, kann das im Ilmpark in der Nähe des Schlosses tun. Dort steht eine Büste.

39_Galerie Hebecker

Hervorragende Bildkunst im ersten Stock

Aus gewöhnlich gut informierten Weimarer Kreisen hört man die Fama, dass die Fußgängerzone Schillerstraße aufgrund einer Politikerlaune entstand. Und zwar aus mieser Laune heraus. Den Herrn U. störten angeblich die Autos, wenn er vom Hotel »Elephant« zum Theater und zurück ging. Mein Gott, Walter! Und wie du wieder aussahst, wie das Sandmännchen. Falls noch jemand wissen wollte, wer diese Fama ist: eine römische Göttin, verantwortlich für Ruhm und Gerüchte.

Kein Gerücht: Die ruhmreiche Galerie liegt auf den Flaniermetern zwischen Theaterplatz und Markt. Eine ständige Kunstverkaufsausstellung gleichen Namens gibt es in Erfurt auf der Krämerbrücke. Da ist es der Sohn, hier die Tochter, der Vater war Kunstkenner und Kulturpolitiker. Liebe zur Kunst haben die heutigen Galerieleiter also – um es mit Heinz Erhardt zu sagen – mit der Vatermilch eingesogen.

Was hier wie dort ausgestellt und verkauft wird, ist hochkarätig. Das Galerieprofil war und ist bestimmt von deutscher Kunst des 20. Jahrhunderts, Kunst der Verschollenen Generation und des expressiven Realismus. Insbesondere die vom Nationalsozialismus, vom Zwang zur Emigration, von der Formalismusdebatte in der DDR und von kunstmodischen Diktaten betroffenen Künstler haben hier eine Heimstatt gefunden. Und so ist das Spektrum der ausgestellten Grafiken, Gemälde und Skulpturen doch recht breit. Und manchmal wird auch hier eine unterhaltsame Bresche in die ansonsten herrschende Sachlichkeit und Ernsthaftigkeit geschlagen. Es gab schon zwei Ausstellungen mit Zeichnungen der 1992 in Berlin gestorbenen Zeichnerin und Kinderbuchillustratorin Elisabeth Shaw. Da wurden die 200 Quadratmeter Galerie auch von Kindern bevölkert. Die rannten freudig von Bild zu Bild, ihre Eltern an der Hand, die ihrerseits schon mit »Der kleine Angsthase« und »Zilli, Billi und Willi« von Elisabeth Shaw aufgewachsen sind.

Adresse Schillerstraße 18 (im 1. Stock), 99423 Weimar | **ÖPNV** einen der vielen Busse zum Goetheplatz nehmen, dann zu Fuß vorbei am Theater in die Schillerstraße | **Anfahrt** die Schillerstraße ist Fußgängerzone, »park and walk« könnte die Devise in der Klassikerstadt sein; Parkhaus Beethovenplatz, weiter zu Fuß vorbei an Schloss, Rathaus in die Schillerstraße | **Öffnungszeiten** Di–Fr 10–18 Uhr, Sa 10–16 Uhr, ansonsten nach Vereinbarung, Tel. 03643/853741 und 851786 | **Tipp** Das »Weimar Haus« (Goethe hätte es zusammengeschrieben) in der Schillerstraße 16 ist eine Art Tussauds-Wachsfigurenkabinett zu 5.000 Jahren Stadtgeschichte.

40_Die Gartenstadt Großmutter

Hier war mal »Neukamerun«

Fragt man in Weimar nach der »Gartenstadt Großmutter«, muss man schon auf einen Denkmalpfleger stoßen, um nicht Schulterzucken als Antwort zu bekommen. Aber auch der Denkmalpfleger wird bedauernd die Hände ausbreiten, es sei denn, er besitzt einen Helikopter und eine Weimar-Überflug-Erlaubnis. Dann könnte er von oben zeigen, was gemeint ist, nämlich ein großes Tortenstückareal mit den Straßen Großmutterleite, Hellerweg, Jenaer Straße, Krausweg, Martin-Klauer-Weg, Tiefurter Allee und Webichtallee am östlichen Ilmhang oberhalb der Altenburg.

Ab 1924 wurde hier ein neues Wohngebiet errichtet. Bauherr war der Gemeinnützige Beamtenbauverein, woraus klar ersichtlich ist, wer hier wohnen sollte und dann auch wohnte, Beamte nämlich. Fleißige Beamte allerdings mit einem Hang zur Krume, denn die Grundstücke waren so bemessen, dass die Bewohner sich selbstversorgerisch Obst und Gemüse anbauen konnten. Zäune waren nicht geplant, Hecken sollten sich erstrecken und die Grundstücke teilen. Wenn die Bewohner sich zu Festivitäten unter freiem Himmel treffen oder sonstig versammeln wollten, dann bot sich der Platz an der Großmutterleite an. Das Gesamtensemble nennen Denkmalpfleger »Gartenstadt Großmutter«, es sei ein bedeutendes architekturhistorisches Zeugnis dieser Zeit in Thüringen. Lockere Bebauung, gegeneinander verschobene Baufluchten, gekrümmt verlaufende Straßen, die Häuser mit gaubenbesetzten Walm- oder Satteldächern, Art-déco-Elemente, später dann Heimatstil. Alles strahlt Gemütlichkeit aus. Auch die Farben. Anfangs pinselte man von Haus zu Haus sehr farbig und in starken Farbkontrasten. Die Klappfensterläden und die Fenstersprossen und die kräftig roten Dachziegel leuchteten um die Wette. Von den Bewohnern der Altstadt hinter den vergleichsweise »ruhig« gefärbten Fassaden wurden die Gartenstädter schon mal kolonial geneckt, sie würden wohl in Neu-Kamerun wohnen.

Adresse 99425 Weimar, Wohngebiet hinter der Altenburg | **ÖPNV** Bus Linie 9, Haltestelle Großmutterleite | **Anfahrt** aus der Stadtmitte auf der B 7 Richtung Jena, Jenaer Straße, links in die Tiefurter Allee, parken, zu Fuß flanieren | **Tipp** Die Altenburg, Jenaer Straße 3, bietet den Liszt-Salon und die Dokumentation »Liszt, die Altenburg und Europa«. Öffentliche Veranstaltungen findet man auf der Website der Hochschule für Musik.

41 Gasthaus »Zum goldenen Einhorn«

Auf den Kloß, los!

Hier geht's nicht um die Wurst, hier geht's um den Kloß, den einen einzig wahren, den Thüringer. Dabei hat man es als E. T. (also als Extra-Terrestrial – äh – Extra-Thüringial) mit den überirdisch schmeckenden runden Sachen nicht leicht. Denn ein einheitliches Thüringisch als Dialekt gibt es nicht, genauso wenig gibt es eine einheitliche Bezeichnung für das traumhafte Kartoffelverarbeitungsprodukt: Klöße, Kleese, Hütes, Höbes oder Hebes, Klüeß, Knölla, Gleeß kann man bestellen.

Ist es sexistisch zu sagen, die Wirtin im Mechelrodaer Gasthaus hat die dicksten Klöße? Hat sie, aber natürlich, im Dauerangebot! Das »Goldene Einhorn« ist berühmt geworden für seine Kolossalklöße. Seit über 200 Jahren befindet sich das Gasthaus in Familienbesitz. Um den zu erhalten, musste man sich bei allgemeiner Gaststättengehmüdigkeit und wachsender andersartiger Konkurrenz etwas Knallig-Knolliges ausdenken. Und so wurde der Riesenkloß das Aushängeschild. Deswegen pilgern die Leute hierher. Der Johann Lafer kam auch einmal für seine Sendung »Lafers leckerer Osten«. Als die Kameras aus waren, soll er der Wirtin geflüstert haben, er hätte noch nie (!) etwas Köstlicheres aus Kartoffeln gegessen. Eine besternte Familienzeitschrift schwärmte, dieser Kloß schmecke auf eine wilde, ungezähmte Art nach Kartoffel und gab neidlos zu, dass der deutsche Osten rein kloßmäßig Bundesligaspitze sei, während das restliche Staatsgebiet eher Greuther Fürth ähneln würde. Ja, und nicht nur die Qualität, sondern auch die Größe macht es eben in Mechelroda. Auf die Frage »Wer war das halbe Wildschwein?« darf man getrost mit »Ich!« antworten, Kloß und viel Soße sind bestimmt immer dabei. Und nachdem man den halben Kloß gegessen hat, kommt garantiert eine nette Bedienung und fragt, ob man Soße nachhaben möchte. Wer nicht, enttarnt sich als E.T.

Adresse Im Dorfe 16, 99441 Mechelroda | **ÖPNV** Bus Linie 229, Haltestelle Mechelroda | **Anfahrt** A 4 Abfahrt Apolda, auf der B 87 in Richtung Öttern. Achtung! Nach circa 100 Metern sofort links abbiegen in Richtung Mechelroda. Im Ort befindet sich das Gasthaus wenige Meter nach der Ortsmitte-Kreuzung auf der linken Seite. | **Öffnungszeiten** Mo, Mi, Fr, Sa, So 10–22 Uhr, Di und Do Ruhetag, aber auf Bestellung wird geöffnet; vorsichtshalber immer reservieren: Tel. 036453/80635. | **Tipp** Wer etwas deutschen Größenwahn besichtigen will, fährt auf der A 4 Richtung Erfurt, Abfahrt Legefeld/Bad Berka: An der Legefelder Hauptstraße 2–14 befindet sich die 1939 eingeweihte Autobahnmeisterei; viel Gedenkplatz für des Deutschen liebstes Kind.

42 Die Gedenktafelansammlung

Innen Mitdenken, außen Gedenken

Im Bestand des Stadtmuseums befindet sich eine große Gedenkmedaille für die Nationalversammlung 1919 in Weimar. Der Münchener Medailleur Karl Xaver Goetz modellierte seinen Groll gegen die »demokratische Quasselbude«. Der Text ist Hohn und Spott, aber ein Fest für Fans des germanischen Stabreims: »WIR WEIMARER WASCHWEIBER WASCHEN WOCHENLANG WAHNBETÖRT WÜSTER WIDERSACHER WIDERLICHE WÄSCHE, WOHLGEMUT WEITER WURSTELND, WIE WENN WELTKRIEGS WILDES WÜTEN WENIG WICHTIG WÄRE.« Auf die Medaille passten sogar noch zwei Waschweiber am deutschen Zuber und die Frontalansicht des Nationaltheaters.

Ernster und seriöser sind die drei Gedenktafeln aus Bronze, die am Theater angebracht sind. Die erste Tafel ist datiert auf den 11. August 1919. Walter Gropius hat sie entworfen. Der Text ist klar wie die Großbuchstabenschrift: »IN DIESEM HAUS GAB SICH DAS DEUTSCHE VOLK DURCH SEINE NATIONALVERSAMMLUNG DIE WEIMARER VERFASSUNG.« Der Geist von Weimar sollte an die Stelle des preußisch-militaristischen Potsdamer Ungeistes treten. Trat er aber nicht, sonst hätte es keinen zweiten Weltenbrand gegeben. Übrigens wurde der Weimarer Tagungsort lange geheim gehalten, um die Arbeiter- und Soldatenräte draußen zu lassen. Als er offenbar war, ließen sich die über 400 Abgeordneten gern vom innerlich immer noch kaisertreuen Generalmajor Maercker und dessen Freiwilligem Landesjägerkorps beschützen. Weimar und Umgebung war Sperrgebiet bis zum Abrücken der Truppen und der Abgeordneten. Die zweite Tafel wurde 1948 zur Wiedereröffnung des Nationaltheaters angebracht, das ab sofort dem Publikum »zu wahrem Menschentum« verhelfen sollte. Auf Tafel Nummer drei fehlen viele Kommas, aber interessant ist sie doch, weil sich zweimal zwei sehr unterschiedliche Literaten hier trafen, um Goethe und Schiller zu ehren.

Adresse Deutsches Nationaltheater, Theaterplatz 2, 99423 Weimar, www.nationaltheater-weimar.de | **ÖPNV** mit einem der Busse bis Goetheplatz, zu Fuß zum Deutschen Nationaltheater | **Anfahrt** Parkplatz in Citynähe suchen, zum Beispiel Steubenstraße hinter der Jenaplanschule, zu Fuß durch die Gropiusstraße zum Theater | **Öffnungszeiten** des Theaters: zu allen Vorstellungen, Spielplan auf der Homepage | **Tipp** Ausflug nach Schwarzburg im Thüringer Wald, wo 1919 im Schloss Reichspräsident Friedrich Ebert feierlich die neue Verfassung unterzeichnete.

43 Das Gelbe Schloss

Geburt, Leben und Tod eines Kabarettisten

Satiriker sind beleidigte Moralisten. Sie hauen auf das Objekt oder Subjekt ihres Schmerzes, indem sie es kräftig verspotten. Das wird oft missverstanden und führt in manchen Fällen zum Tod des Werks und des Autors. Man sehe sich das Grabmal August von Kotzebues in Mannheim an: Eine eckige Last ragt da aus seinem Kopf, eingemeißelt darin: »Die Welt verfolgt' ihn ohn' Erbarmen, Verläumdung war sein trübes Los, Glück fand er nur in seines Weibes Armen und Ruhe in der Erde Schoss.«

Dieser Kotzebue wurde im Mai 1761 hier im Gelben Schloss geboren, das 1704 als Witwensitz für Herzogin Charlotte gebaut worden war. Bei der Uraufführung von Goethes Einakter »Die Geschwister« stand der 15-jährige Kotzebue neben Johann Wolfgang auf der Bühne. Nie mehr haben sie sich so nahegestanden. Nicht nur dass Kotzebue, befördert durch die weimarisch-russischen Beziehungen, weit weg in den Dienst Russlands trat – wo er geadelt wurde und einen ordentlichen Aufstieg hinlegte –, nein, Kotzebue schrieb satirisch, und vielen Zeitgenossen fehlte die Ironiefähigkeit.

Kotzebue reüssierte als Schriftsteller, Theaterdirektor und Dramatiker. Er schrieb etwa 200 meist sehr unterhaltsame Theaterstücke, die in viele europäische Sprachen übersetzt wurden, und führte die Aufführungsstatistik weit vor Goethe und Schiller an. Er wurde von den Russen als Jakobiner verdächtigt und nach Sibirien in die Verbannung geschickt, vom Zar begnadigt, dann von Deutschen verdächtigt, ein russischer Spion zu sein. Und schrieb und schrieb. Napoleon war ihm ein Gräuel, aber auch die Burschenschaften und die deutsche Nationalbewegung. Turnvater Jahn bekam sein Fett weg. Die Studenten verbrannten auf der Wartburg Kotzebues Schriften. Und er bekam ein Jenaer Messer des National-Studentischen Untergrunds in den Leib gerammt. Der Attentäter verletzte sich dann selbst schwer, wurde gesund gepflegt, um abschließend zünftig geköpft zu werden.

Adresse Grüner Markt/Kollegiengasse, 99423 Weimar | **Anfahrt** Parkhaus Beethovenplatz, weiter zu Fuß über Ackerwand, Platz der Demokratie | **Tipp** Das Gelbe Schloss ist heute nur ein kleiner Teil des großen Komplexes rund um die Anna-Amalia-Bibliothek samt Bücherkubus, Veranstaltungsräumen, Tiefenmagazin und Lesecafé (Öffnungszeiten der Forschungsbibliothek Mo–Fr 9–21 Uhr, Sa 9–16 Uhr. Die historische Anna-Amalia-Bibliothek kann nur auf Voranmeldung besucht werden, Telefon 03643/545400).

44 Das Gelmerodaer Holzhaus

Ein Ratzbatz-Zackzack-Fertig-Haus

Man sieht dem Haus nicht an, dass es ein ganz besonderes Haus ist. Erste Frage: Kann man in sechs Wochen ein Haus bauen? Bezugsfertig? Das geht. 1929 entwarf der Architekt Ernst Neufert für sich und seine Familie sowie für seine Arbeit ein Wohn- und Atelierhaus. Drei Generationen wohnten gleichzeitig darin, als es nach sechs Wochen fertig war. Ein Meisterstück! Nur das Kellergeschoss ist aus Stein. Das Haus wurde aus genagelten Bohlen errichtet. Bei der Geschosshöhe richtete sich Architekt Neufert nach den Fabrikationsmaßen der Leichtfaserplatten, mit denen das Gebäude innen ausgekleidet wurde. Torf steckt als Isoliermaterial in den Wänden. Parkettfußböden, furnierte Türen und Holzeinbaumöbel komplettieren den Holzhausgedanken. »It's so basic!«, spottete der holländische Musikkabarettist Hans Liberg über japanisches Design, auf das Notwendigste beschränkt, ohne beschränkt zu wirken. Das Haus in Gelmeroda könnte er in seinen augenzwinkernden Spott einschließen. Der Entwurf ist sehr japanisch, aus einem metrischen Raster heraus entwickelt. So baut man heute noch, wenn man meint, modern zu bauen. Das konnte Neufert schon 1929.

Frage Nummer zwei: Kann ein Leitfaden für Planer und Bauherren von 1936 heute noch aktuell angewendet werden? Professor Neuferts »Bauentwurfslehre« gibt es, in den Grundzügen unverändert, mittlerweile in der 40. Auflage. Übersetzt wurde das Buch in 18 Sprachen.

Eine Stiftung, die will, dass die Bauten von Ernst Neufert und seinem Sohn Peter Neufert in lebendiger Erinnerung bleiben, pflegt das Neufert-Haus und den zum 100. Geburtstag Neuferts 1999 errichteten, sehr ungewöhnlichen Ausstellungs-, Seminar- und Konzertraum namens »Neufert-Box«. Auch dies ein Holzbau-Objekt. Frage Nummer drei: Ist das Haus am Horn also das einzige vom Bauhaus realisierte Gebäude in Weimar? In Gelmeroda kann die Frage klar beantwortet werden: Jein!

Adresse Rudolstädter Straße 7, 99428 Weimar-Gelmeroda | ÖPNV Bus Linie 6, Haltestelle Gelmeroda | Anfahrt von Weimar kommend über die B 85 nach Gelmeroda: Rudolstädter Straße, dann links auf das Grundstück am Kubus »Neufert-Box« | Öffnungszeiten Garten mit Ausstellung täglich, Hausbesichtigung nach Absprache, Telefon 03643/49306632 | Tipp Manche Leute kommen nur wegen der Autobahnkirche nach Gelmeroda; von Feininger berühmtgemalt und -gezeichnet (täglich 8–20 Uhr geöffnet, sonntags Gottesdienst). Der Anblick ist nachts von außen am schönsten: ein Lichtkunststück!

45 Die Gemeinschaft auf Schloss Tonndorf

Zusammen ist man weniger allein

Die aus der Kommune!?! Die sind so, äh, anders. – Sind sie gar nicht. Nur mal ein paar Stichworte: Schloss-Catering, Waldkindergarten, Carsharing – Schlosskarschering nennen sie es hier –, Kinderzirkus, Geburtshilfe, Yoga, Töpferei, Schule für naturgemäßen Obstbaumschnitt, Grünes Klassenzimmer. Klingt das, äh, anders?

Hier leben Familien und auch Alleinstehende. Berufliche Herkunft, Lebenserfahrungen und die jeweilige wirtschaftliche Situation waren und sind recht unterschiedlich, aber alle eint der Wunsch nach gegenseitiger Unterstützung, nach Gemeinschaft. Für Kinder ein Paradies.

Eine Genossenschaft wurde gegründet. So ist das Wohnen hier geregelt, die gleichberechtigte Mitbestimmung bei allen Aktivitäten. Platz ist für rund 60 Leute. Das Schloss ist eine Art Ökodorf, dazu gehören ein paar Hektar Land. Man strebt wenigstens teilweise Selbstversorgung an. Seit 2006 ist ein Imker mit von der Partie. Ein Mann, der schon Felder von Genmais befreite und deswegen zeitweilig in seiner Freiheit eingeschränkt wurde.

Im November 2012 stand er an der Spitze eines kleinen Bauernaufstandes. Der Tonndorfer Imker verteilte »Kaiser Wilhelm« und schlug in Erfurt mit lutherähnlichen Hammerschlägen neue Thesen an die Michaelis-Kirchentür (obwohl ja die Ruinierung der Wittenberger Kirchentür mittlerweile angezweifelt wird). Grund des Anschlages: Die evangelische Kirche in den neuen Bundesländern zieht aus Landverpachtung etwa 20 Prozent ihres Gesamtbudgets. Um die Einnahmen hoch ausfallen zu lassen, wird fast ausschließlich an große Agrarbetriebe verpachtet. Kleine bäuerliche Betriebe gucken nur zu. So richtig ökologisch denken die oberen Protestanten nicht, und die Schöpfung leidet. Und es verschwinden alte Apfelsorten wie »Kaiser Wilhelm«.

Adresse Das Schloss 156, 99438 Tonndorf, www.schloss-tonndorf.de | ÖPNV von Weimar mit Bus Linie 221 nach Bad Berka, von dort mit Bus Linie 232, Haltestelle Tonndorf | Anfahrt von Weimar über die B 85 nach Bad Berka, dann über Tiefengruben nach Tonndorf, am Ortseingang nach rechts | Öffnungszeiten Besucher sind am 1. und 3. Sonntag im Monat gern zum »Sonntags-Café« gesehen. Anfragen allgemein im Büro: Tel. 036450/44054 | Tipp Besuchen Sie einen der schönsten Weihnachtsmärkte Deutschlands, den Erfurter vor Dom und Severi. Unter den vielen weihnachtlichen Verkaufsständen steht bestimmt auch einer mit Honig.

46_Die Glocke der Luise

Nachhall Tausender Mädchenstimmen

Viele Jahrzehnte lang rief ein Produkt aus dem Weimarer Land die Mädchen zum Unterricht in die 1902 eröffnete Luisenschule. Die Schulglocke aus Bronze ist ein Guss der Gebrüder Ulrich AG Apolda. Dass in jede Himmelsrichtung rund um Weimar Autos mit dem Kennzeichen AP fahren, erklärt sich daraus, dass sich der Landkreis Weimar wie ein Plauener-Spitze-Kragen um die Klassikerstadt legt. Und »Hauptstadt« ist Apolda, die Glockenstadt mit Glockenmuseum und einem Kunsthaus voller großartiger wechselnder Ausstellungen. Unbedingt Besuche (es lohnt sich wirklich im Plural) dort einplanen, vielleicht auch gleich noch einen Tag dranhängen in den warmen, klingenden Wassern der Toskana-Therme in Bad Sulza, wo übrigens Goethes Gartenhaus eins zu eins nachgebaut steht, und – nein, wir schweifen in die Fülle des Landkreises ab.

Die Glocke kam 1931 an das Haus. Da waren all die in der Bauzeit noch hochmodernen Gebäude schon von vielen Mädchenfüßen betrippelt worden: das dreigeschossige, ziegelgemauerte Schulgebäude im Neorenaissance-Stil, die Turnhalle mit der frei gespannten Balkendecke (die Last wird von einem Hängesprengwerk abgefangen – klingt gefährlich, ist für Zimmerleute aber die normalste Sache der Welt) und das damals geradezu futuristische Abortgebäude. Nicht zu vergessen der Schulhof rund um den Stockentenbrunnen. Auf dem Hof steht außerdem ein einfacher Gedenkstein für die Nachkriegsnamensgeberin der Schule, die Grafikerin und Bildhauerin Käthe Kollwitz. Heute trägt die nunmehr Staatliche Berufsbildende Schule den Namen »Friedrich Justin Bertuch« – da fehlt übrigens noch dessen dritter Vorname Johann –, und es kommt die Frage auf, ob der Justin heute »Dschassdihn« gesprochen werden darf.

Zu Schuljahresbeginn 1946/47 gingen fast 3.200 Schülerinnen, die in 40 Klassen aufgeteilt waren, hierher zum Lernen. Steht in der Schulchronik. Kann das stimmen?

Adresse Luisenschule, Röhrstraße 19, 99423 Weimar | **ÖPNV** Bus Linie 8, Haltestelle Zeppelinplatz | **Anfahrt** über Stadtring Fuldaer Straße nordwärts, rechts in die Röhrstraße einbiegen | **Tipp** Der vor der Schule liegende Zeppelinplatz ist ein großes Spielplatz-Areal. Am nordwestlichen Rand steht ein in seiner Einfachheit sehr schönes Porträtdenkmal für Käthe Kollwitz.

47 Das Goethe- und Schiller-Archiv

Eine Schatzkammer über und unter Weimar

Das Goethe- und Schiller-Archiv betreffend, könnte man dauerhaft in Lobpreisungen und Superlative verfallen. Ältestes deutsches Literaturarchiv. UNESCO-Weltdokumentenerbe. Weit über 100 Nachlässe mit über 5 Millionen Blatt Papier, darunter viele Originalhandschriften. Neues Tiefenmagazin auf welthöchstem Standard. Wissenschaftler aus aller Welt, die die Lesesäle bevölkern. Nicht zuletzt: Von hier hat man einen der interessantesten Blicke über die Stadt.

Der Blick wäre für einen Otto Normalbürger ja vielleicht noch ein Grund, herzukommen, aber sonst? Ist das Goethe- und Schiller-Archiv nicht so ein Heiligenschrein, eine Riesenansammlung von Zeugs von toten Leuten? Natürlich, denn das ist ja Ziel und Zweck eines Archivs. Aber dieses Archiv sammelt alles, was die Archivierten im Laufe ihres Lebens so angesammelt haben. Darum gibt es hier Schulzeugnisse, Weinrechnungen, Notenblätter, auch einen Brief des amerikanischen Präsidenten George Washington, den der Vielsammler Goethe in seinem Besitz hatte. Es gibt Kinderzeichnungen, getrocknete und gepresste Blumen, alte Fotos, erste krakelige Schriftübungen von später meisterhaft schön schreibenden Literaten und zeitlebens Schmierer Gebliebenen. Hier liegt sogar das Schnittmuster für eine Hose, die Mutti Nietzsche dem kleinen Fritzchen genäht hat.

In der Wechselausstellung kann man sich immer mal etwas davon anschauen – und beim nächsten Party-Small-Talk glänzen, wenn man sagt: Ich weiß, wie Goethe und Schiller geschrieben haben: mit der Hand!! Und der Nietzsche, der mit dem Spruch von der Peitsche, die man zum Weibe mitnehmen soll (übrigens ironisch gemeint, nicht frauenfeindlich), der hat so eine komische Schreibkugelschreibmaschine benutzt. Das wird in einer Zeit, da diese alten Kulturtechniken aussterben, Erstaunen auslösen. Mit der Hand!? Schreibmaschine!? Seltsame Leute, diese – äh – wie hießen die gleich?

Adresse Hans-Wahl-Straße 4, 99425 Weimar | **ÖPNV** Bus Linien 2 und 9, Haltestelle Atrium, in Fahrtrichtung weiter zu Fuß Friedensstraße bis (rechts) Hans-Wahl-Straße | **Anfahrt** am Ende der Friedensstraße (B 7 Richtung Jena) schräg rechts in die Hans-Wahl-Straße, Parkplätze am Haus | **Öffnungszeiten** Mo–Do 8.30–18 Uhr, Fr 8.30–16 Uhr | **Tipp** Hans-Wahl-Straße 1 ist die Adresse der 1859/60 gebauten Bade- und Waschanstalt. Anstalt klingt etwas waschzwanghaft, war aber ein großer hygienischer Fortschritt.

48 Das Goethe-Schiller-Denkmal

… und eine neue Marketing-Idee

Darf man sich über ein Nationaldenkmal neu Gedanken machen? Es steht doch schon so lange da, seit 1857, hoch gelobt und zutiefst bewundert. Sein Erschaffer, der sächsische Bildhauer Ernst Rietschel, wurde aufgrund des Eindrucks, den das Bronzedenkmal bei hohen Herrschaften und niedrigem Volk gleichermaßen hinterließ, zum Weimarer Ehrenbürger ernannt. Wenn man davorsteht, ist man so »Himmelhoch-jauchzend-und-zu-Tode-betrübt« – für unsereins wird niemals so ein Denkmal …

Gut, schauen wir uns wenigstens an, was Rietschel da auf den Sockel gestellt hat. Zwei Männer. Aber was hat den Bildhauer dazu bewogen, die Herren G. und Sch. wie ein schon länger verheiratetes Ehepaar in völlig verschiedene Richtungen gucken zu lassen? Warum zerren die beiden an nur einem Lorbeerkranz herum? Herr Sch. hatte das nie nötig, denn er stapelte zu Hause solche Kränze, die ihm Fans zuschickten. Und wieso ist der Herr Sch. nur so körpergroß wie Herr G.? Drückt die Hand des Kürzeren den Längeren nieder? Und was bedeutet – denn Kunst bedeutet ja im Detail immer etwas – der Baumstumpf hinter den beiden? Ist es die versteckte Frage: Wie viele Bäume mussten für Goethe- und Schillerbuchausgaben sterben?

Das Denkmal ist ein Werbeobjekt erster Güte, weltweit bekannt, oft parodistisch verfremdet (man denke nur an das unselige Plakat mit den Thüringer Würsten), auch schon mal mit einer Liszt-Figur werberisch zum Dreigestirn geadelt.

Woher kam der Ernst Rietschel gleich? Aus Pulsnitz. Wieso ist noch niemand darauf verfallen, das Goethe-Schiller-Denkmal in einen Holzmodel zu schneiden und Weimarer Pfefferkuchen zu backen? In Pulsnitz bietet man Rietschelkuchen an, mit Schokoüberzug und Porträt des berühmten Namensgebers auf der Verpackung. Es gibt geschmacklosere Souvenirs.

Adresse Theaterplatz, 99423 Weimar | **ÖPNV** mit einem Bus bis Goetheplatz, dann zu Fuß zum Denkmal | **Anfahrt** Parkplatz in Innenstadtnähe suchen, weiter zu Fuß in der Fußgängerzone | **Tipp** Kopien des Standbildes stehen in Anting (China), San Francisco, Milwaukee, Cleveland und Syracuse (USA). Kleiner und aus Biskuitporzellan käuflich in Weimar zu erwerben. Wer mit den Klassikern spielen will: als Handpuppen erhältlich auf www.goethe-versand.de, aber auch im Museumsshop im Goethe-Nationalmuseum.

49 Goethes Wohnzimmer

Das »Resi« ist das »Resi« ist das »Resi« …

Welches süße Pummelchen mit Leuchteaugen trat Ende 1920 in das Café »Resi«? Die frisch verliebte Marlene Dietrich. Für ein paar Wochen nahm sie Geigenunterricht beim Weimarer Kapellmeister Robert Reitz, in den sie sich hemmungslos verknallt hatte. Heimliche Liebesschwüre wurden getauscht und Liebesbriefe über Deckadressen versandt, weil der Angebetete verheiratet war, zwei Kinder hatte und das dritte schon angesetzt. Es wurde also nichts, weder mit Herrn Reitz noch mit der Karriere als Geigerin. Na ja, sie hat ja später anderweitig ihr Glück gefunden.

Im »Resi«, dem damaligen Künstler-Café, saß Marlene Dietrich oft. Einmal hatte sie nicht genügend Millionen, um die Zeche zu bezahlen – Inflationszeit in Deutschland. Sie wollte ihre goldene Uhr versetzen, aber eine Freundin beglich die Rechnung mit einem Dollar. Schade, die Uhr hätte heute ein geradezu magnetisch Touristen anziehendes Ausstellungsstück in einer »Resi«-Vitrine sein können.

Das »Resi« heißt eigentlich Residenz-Café und ist das älteste Kaffeehaus in Weimar. Der Hofkonditormeister August – mit dem etwas kannibalisch klingenden Nachnamen – Ißleib eröffnete es 1839. In einer Anzeige im »Weimarer Wochenblatt« bat er um recht zahlreichen Besuch in seinem »Geschäftslokal«. Nachfolgende Betreiber erweiterten die Gasträume, ein Wintergarten wurde angebaut. Künstler und Studenten hatten hier ihr Szenelokal. Besucher aus aller Welt schauten sich bei Kaffee und Kuchen nach berühmten Gesichtern um. Erkannten sie Ilja Ehrenburg, der 1922 frech über »ehrwürdige Bürger mit hohen Stehkragen und die Trottel der hiesigen Akademie in irgend so etwas wie konstruktivistischen Blusen« lästerte?

Aber wieso heißt dieses Kapitel »Goethes Wohnzimmer«? Die räumlichen Erweiterungen des »Resi« bezogen auch das Nachbarhaus mit ein. Und so kann der Gast heute im »Goethe-Zimmer« sitzen, das 1776/77 tatsächlich dessen Wohnzimmer war.

Adresse Grüner Markt 4, 99423 Weimar | Anfahrt Parkhaus Beethovenplatz, weiter zu Fuß | Öffnungszeiten täglich 8–1 Uhr | Tipp Gleich neben dem »Resi« befindet sich die ACC Galerie: Ausstellung und Verkauf moderner bildender Kunst – Eingang über das ACC Café-Restaurant (gute Küche); im Haus gibt es auch Übernachtungsmöglichkeiten.

50_Das GolfResort Weimarer Land

Einlochen im Namen Johann Wolfgangs und Lyonels

Eines Tages kullerte ein Ei aus der Hand eines schottischen »Mäcks« zufällig in ein natürliches Loch. Das Ei zerschellte im Dreck. Wortspieler wissen, dass ein Ei, das in den Dreck hineinfällt, ein Dreieck ergibt. Der Schotte aber sagte »Ay!«, denn er hatte gerade ein neues Spiel erfunden. Diese Freizeitbeschäftigung sprach sich zunächst unter Adelsvertretern herum und bekam auf ihrem europaweiten Siegeszug in Holland den Namen Kolv, weil bei den Oranjes der Schläger so bezeichnet wird. Weil aber auch auf ganz anderen Kontinenten alte Bilder mit einputtenden Leuten auftauchten, kann heute niemand mit Sicherheit sagen, wer das Spiel denn nun tatsächlich erfand. Eine Theorie besagt, dass Golf zunächst nicht das friedliche Individualistenspiel war, sondern eine körperbetonte Mannschaftssportart für männliche Brutalos.

Der erste nicht blaublütige Golfer soll 1527 ein Robert Maule gewesen sein, der im schottischen Ort Carnoustie einlochte. Bürgerlich geht es auch in Blankenhain zu. Zwar ist hier von einem Top-Golfplatz-Designer und seinem renommierten Planungsbüro ein sportlich anspruchsvoller und attraktiver Golfplatz entworfen und gebaut worden, aber Anfänger sind willkommen. Man muss nicht Clubmitglied sein, um auf dem Drei-Loch-Übungsplatz ein paar Grasbatzen aus dem Grün zu schlagen. Schnuppergolfen nennt sich das. Es gibt ein kostenloses Startangebot.

Profis studieren die Physiologie der Löcher auf den beiden unterschiedlich schwierigen Spielbahnen, dem Goethe- und dem Feininger-Course. Superprofis spielen beides nacheinander als »Bobby Jones Champion-Course«. Das Restaurant »GolfHütte« ist eine öffentliche Gaststätte. Der Festsaal kann für Firmenveranstaltungen oder Familienfeiern angemietet werden. Und zur Verdauung kann man ein paar Bälle schlagen.

Adresse Gut Krakau, Karl-Liebknecht-Straße 34, 99444 Blankenhain, Tel. 036459/61641000 | **ÖPNV** Bus Linie 221, Haltestelle Blankenhain | **Anfahrt** von Weimar auf der B 85 über Bad Berka nach Blankenhain, Weimarer Straße, links in die Untere Nordstraße, links in die Karl-Liebknecht-Straße nach Krakau | **Öffnungszeiten** GolfResort von Frühjahr (meist 1. Mai) bis Herbst täglich 8–20 Uhr; Restaurant ab 9 Uhr, Gruppenanmeldungen: Tel. 036459/61644436 | **Tipp** In Blankenhain gibt es ein altes, immer schöner werdendes Schloss mit einem rührigen Schlossverein, der viele Veranstaltungen organisiert.

51 Die grüne Hausnummer

Es grünt so grün

Grün, ja grün sind alle meine Kleider … darum lieb ich alles, was so grün ist, weil mein Schatz ein, nein, kein Jäger ist – Pfui Teufel! –, sondern eine grüne Hausnummer hat. Die Anzahl dieser Hausnummern wächst. Aber es ist gar nicht so leicht, eine zu bekommen. Da muss man umfangreiche Unterlagen einreichen. Dann werden die Unterlagen und die Häuser geprüft: energetisches Niveau, Konstruktion des Gebäudes, Anlagentechnik, Wasser- und Abwassernutzung, zum Grundstück gehörende Freiflächen, das naturnahe Verhalten der Nutzer. Letzteres geht bis zu Fragen wie: Bahncard-Nutzer? Carsharer? Noch nicht ausschlaggebend ist »Bioladen ja oder ja?«. Besonders grün sind die Juroren jenen Bürgern, die in den Unterlagen stehen haben: Neubau in Lehmbauweise, dessen Baustoffe komplett biologisch abbaubar sind – Erdwärmeheizung – Plusenergiehaus – Photovoltaik-Anlage – Pelletspitzenlastkessel – wasser- und energiesparende Ausführung der technischen Hausgeräte – ausschließliche Beleuchtung mit LED-Downlights. Gibt es eigentlich unter Leuten, die pfleglich mit der Umwelt umgehen, auch Sprachpfleger? Sicher wenige, sonst würde dieser Verdenglischung auch entgegengetreten.

Grün ist die Farbe der Hoffnung. Mit Vergabe der grünen Hausnummer hoffen umweltbewusste Leute in der Stadtverwaltung, im Agenda-21-Arbeitskreis und Weimarer, die sich im »Forum für erneuerbare Energien« engagieren, dass Umweltfreundlichkeit abfärbt. Ist ja auch spannend, was man letztendlich mit einem nachhaltig gebauten Haus, das regenerative Energiequellen nutzt und Energie sparsam einsetzt, an Geld sparen kann. Glühbirne raus – LED-Leuchte rein! Das nützt. Schont die Umwelt und den eigenen Geldbeutel. Nachhaltigkeit fängt eben zu Hause an.

Seit 2009 zertifiziert die Stadt Gebäude mit diesem Qualitätssiegel. Kostenfrei! Bis Ende März kann man sich für das jeweilige Jahr bewerben.

Adresse unter anderem Amselweg 3, 99423 Weimar – Die Kriterientabelle für die grüne Hausnummer liegt im Agenda-21-Büro (Tel. 03643/762298) aus oder kann per E–Mail angefordert werden bei agenda21@stadtweimar.de. | ÖPNV Bus Linie 7, Haltestelle Prager Straße, zu Fuß über Brücke Röhrstraße, links Heimfried, rechts Amselweg | Anfahrt Stadtring Fuldaer Straße, links in die Röhrstraße, rechts in die Otto-Braun-Straße, links Amselweg | Tipp Auf www.transitionweimar.wordpress.com findet man Leute, die sich alternativ Gedanken machen und aktiv ausleben. Urban Gardening (Stadtgärtnerei unter anderem auf dem E-Werk-Gelände), Bienengruppe, Wasserinitiative und andere Mitmachaufforderungen mehr.

52 Der Hainturm

Eine Arbeitsbeschaffungsmaßnahme

Die Bäume sind dem Turm längst über die einstigen Zinnen gewachsen. Und so steht er nun als steinerne Säule zwischen den hölzernen. Der Hainturm im Belvederer Forst wurde 1828 bis 1830 auf dem damals unbewaldeten Hainberg hochgezogen. Tritt man heraus aus dem Wald, kann man in die jeweilige Richtung des Heraustretens eine sehr schöne Aussicht genießen. Veranlasst und bezahlt hat den Bau die Großherzogin Maria Pawlowna, um einige Weimarer Bürger, die nach den Napoleonischen Kriegen in Not geraten waren, wieder in Lohn und Brot zu bringen. Aus alten Unterlagen geht hervor, dass der Turm als Wartturm errichtet wurde. Aber eine Warte, also ein Luginsland mit militärischem oder sonstigem Sinn, war der Turm nie. Ein geschätztes Ausflugsziel und ein beliebter Ort für Kinderfeste war er jedoch immer. Dumme Zerstörungswut führte allerdings zum schnellen Verfall des Turms.

1908 gründeten Weimarer Bürger darum die Hainturm-Gesellschaft. Wieder rückten Bauleute an, der Turm bekam eine Außentreppe und einen kleinen Wandererversorgungstrakt. Da ja damals der Weimarer Hof in solche Aktionen immer noch mit eingebunden zu sein wollen wünschte – das war damals so kompliziert –, waren die Hainturm-Fans froh, den Hofarzt Ludwig Karl Heinrich Pfeiffer (siehe Seite 62) als wichtiges Mitglied in ihrem Verein zu wissen. Ihm zu Ehren wurde die natürliche Wasserversorgung am Hainturm »Pfeifferquelle« benannt. 1930 wurde am Turm ein Gastraum mit Terrasse angebaut. Krieg, Nachkriegszeit und Verbot der Hainturm-Gesellschaft führten zum erneuten Verfall. Aber seit einigen Jahren gibt es wieder Leute, die sich gemeinsam um den Turm kümmern. Und so rück(t)en auch wieder Bauleute an. Zum alljährlichen Hainturmfest und zum Himmelfahrtstag pilgern zwar geschlechtlich und vom Alter her sehr unterschiedlich zusammengesetzte Menschengruppen hierher, aber Ziel und Zweck der Pilgerei zaubern Freude auf alle Gesichter.

Adresse im Belvederer Forst, 99425 Weimar | **ÖPNV** Bus Linie 1 bis Belvedere, weiter zu Fuß (circa 45 Minuten): Schloß Belvedere, Orangerie, weiter Richtung Süden hinunter zum Possenbach, über die Brücke hinauf zu Pfeiffers Ruh, Hainturm | **Anfahrt** über Mellingen, Richtung Köttendorf, vor dem Ortseingang rechts ab unter der Autobahn durch bis zum Waldrand, dann zu Fuß noch circa 400 Meter bis zum Hainturm | **Tipp** Der Hainturm ist eine Station des Drei-Türme-Rundwanderweges durch das Weimarer Land, Nummer zwei ist der Paulinenturm bei Bad Berka, Nummer drei der Carolinenturm auf dem Kötsch bei Blankenhain.

53 Halketts Geburtshaus

Ein fast unglaubliches Leben

George René Halkett wurde 1900 in diesem Stadthaus als Albert Georg Friedrich Freiherr von Fritsch in Weimar geboren. Seine Vorfahren waren großherzogliche Hofbeamte und Offiziere, Halketts Ururgroßvater war Carl Augusts Erster Minister, anfangs ein Goethe-Skeptiker, der aber in der Freimaurerloge den Nachruf auf Goethe hielt.

Der Ururenkel besuchte die Naumburger Kadettenschule, wurde als 17-jähriger Fahnenjunker noch in den Ersten Weltkrieg geschickt. Danach meldete er sich ins Baltikum zu einem Freikorps. Dann bewegte ihn die Jugendbewegung, was damals hieß: Romantik, Volkslieder, freie Körper in freier Natur. Er wollte unbedingt bürgerlich heiraten, weshalb man ihm auf adeligste Weise den familiären Geldhahn zudrehte. Er versuchte sich als armer Student, unter anderem 1923 bis 1925 am Bauhaus Weimar. Dort legte er sich das Pseudonym Halkett zu. 1927 tauchte er als Schauspieler der kommunistischen Agitationsgruppe »Rote Bühne« in Berlin auf, schrieb Zeitungsartikel, diese allerdings für liberale Zeitungen. Zwischendurch reiste er mit seiner Mutter nach Indonesien, machte auch eine Weltumseglung mit. Der Durchwurschtlkünstler war auch ein nicht ganz so talentierter Segelflugpionier unter Segelflugweltrekordlern in Ostpreußen. Halkett schloss sich den eurythmischen Loheland-Gymnastikern an und den Freilichtmalern. Die Nazis waren ihm suspekt, und er emigrierte – mit seiner vierten Frau – nach England, schrieb dort das biografisch geprägte Buch »The Dear Monster«, arbeitete am Kindertheater und freischaffend als Maler. Für die britische Armee schrieb er Kriegspropaganda und entnazifizierte deutsche Kriegsgefangene. Bei den Nürnberger Prozessen dolmetschte Halkett im Dienste des US-Militärs. Dann wurde er BBC-Mitarbeiter, ab 1956 fest angestellt. Bis drei Jahre vor seinem Tod schrieb er die 14-tägliche Kolumne »Briefe aus Cornwall«, wo er 1983 starb. Unglaublich, oder!?

Adresse Lisztstraße 13, 99423 Weimar | **ÖPNV** Bus Linien 1, 2, 5 und 8, Haltestelle Gropiusstraße, zu Fuß rechts in die Steubenstraße, zweite links Lisztstraße | **Anfahrt** über Steubenstraße in die Lisztstraße | **Tipp** Der Bauhaus-Bildhauer Otto Werner wohnte mit seiner Familie Prellerstraße 6. Wo die Preller- auf die Steubenstraße stößt, steht ein Froschbrunnen, rittlings der Nachdenkort des Werner-Sohnes Hansgeorg.

54 Das Herbarium Haussknecht

Nicht mehr frisch gepresst

Dieses Haus war mal ein klingendes, heute ist es ein mediales – Musikhochschule und Bauhaus-Uni waren und sind Nutzer. Aber die eingemeißelte Schrift über dem Eingang verrät, dass hier mal etwas ganz anderes existierte, nämlich das Herbarium des Pharmazeuten und Botanikers Heinrich Carl Haussknecht. Ein ganzes Haus für ein Herbarium? Ja, wenn die Sammlung rund drei Millionen getrocknete und gepresste Pflanzen beherbergt. Eine größere Sammlung gab es Ende des 19. Jahrhunderts nirgendwo auf der Welt. Dabei waren es hauptsächlich orientalische Pflanzen. Haussknecht füllte fleißig seine Botanisiertrommel auf Forschungsreise durch Ostanatolien, Kurdistan und Lorestan bis hin zum Persischen Golf. Er entdeckte und kartografierte auch Altertümer.

1882 gründete er den »Thüringischen Botanischen Verein« mit und wurde dessen Chef. Das Herbarium Haussknecht ist heute Teil des Instituts für spezielle Botanik Jena, und die Pflanzengattung »Haussknechtia Boiss.« in der Familie der Doldenblütler trägt den Namen des Weimarer Wissenschaftlers.

Nach Haussknechts Tod 1903 übernahm ein noch sammelwütigerer Botaniker das Großherbarium und den Vorsitz des Botaniker-Vereins: Joseph Friedrich Nicolaus Bornmüller, Sohn der Lexikon-Meyer-Tochter Meta aus Hildburghausen. Bornmüller reiste und sammelte und schrieb. Bei über 400 wissenschaftlichen Veröffentlichungen kann man durchaus formulieren, dass unsere Grundkenntnisse über die Flora des Nahen Ostens fast ausschließlich auf Bornmüllers Arbeiten basieren.

1887/88 war er Inspektor des Botanischen Gartens Belgrad. Er graste Griechenland botanisch ab, die Türkei, Syrien, Persien und Teile Nordafrikas. Auch die Pflanzenwelt der Kanarischen Inseln und Madeiras durchforstete er. Haussknechts Name steht am ehemaligen Herbarium. An den Titularprofessor Bornmüller, der 1948 ziemlich unbemerkt starb, erinnert sich kaum noch jemand.

Adresse Karl-Haußknecht-Straße 5, 99423 Weimar | **ÖPNV** Bus Linie 5, Haltestelle Karl-Haußknecht-Straße | **Anfahrt** Trierer Straße (Stadtring B 85), Am Poseckschen Garten, rechts in die Karl-Haußknecht-Straße | **Tipp** Das Museum für Ur- und Frühgeschichte Thüringens, Humboldtstraße 11, zeigt 400.000 Jahre alte Werkzeuge und Jagdreste des Homo erectus von Bilzingsleben, altsteinzeitliche Funde aus Weimar-Ehringsdorf, Originale aus dem germanischen Fürstengrab von Haßleben und dem Opfermoor Niederdorla.

55_Der Herdergarten

Kleines Eden für jeden

Der Garten ist UNESCO-Weltkulturerbe. Goethe, Schiller, Wieland, Jean Paul, Herder saßen hier parlierend zusammen. Aber ist das wichtig für die meist desinteressierten Schulklassen, die auf den Bänken im Herdergarten sitzend ihre Ausflugsbrote essen?

Den Wissenden und Interessierten tut sich der Zauber des kleinen Gärtchens auf. Er ist Eigentum der Kirchengemeinde, die hält ihre pflegende und schützende Hand darüber und in derselben den Schlüssel für das kleine Paradies inmitten des Städter- und vor allem Touristentrubels. Zuerst fällt der Blick auf die große Esche, dann auf bunt bepflanzte Kübel, noch ein paar Schritte auf dem Gartenweg, und man steht in Herders Hausgarten. Goethe höchstpersönlich gab für Herder den Haus- und Gartenmakler. Die Maklercourtage wurde hoch verzinst mit anregenden Gesprächen bezahlt.

Herder hat selbst immer mal ein wenig in seinem Garten gebuddelt. Allerdings war er sich seines unvollständigen Botanikwissens gewiss, verarbeitete es gar poetisch. Ordentlich in Reim und Rhythmus freute er sich über Pflanz' und Baum, Frucht, Samen, Düfte, Laub. Wer jedoch, fragte er ins Ungefähre, würde ihm Namen und Verwendbarkeit benennen?

Er hat sogar Bohnen und Rosen in einer gemeinsamen Strophe bedichtet: O Mutter Natur! So ist auch der Garten Zierpflanzen-, Obst- und Gemüsegarten in einem. Zum Nutzen für Auge und Seele, aber ebenso für den Magen. Efeu klettert, Rosen blühen, das Kräuterbeet quillt schier über. Oregano, Minze, Salbei, Eberraute, Ysop. Ein kleiner Brunnen plätschert, Wasser für das Gemüse und das Obst: Beeren, Gartenkürbisse, Bohnen, Mangold und spanischer Spinat.

Hier ist ein kleines Kunststück gelungen, geboren aus akribischer Recherche und Lyrikinterpretation. Denn der Herdergarten wurde nach Herders Briefen und Natur-Gedichten sowie mit Hilfe eines alten Stadtplans rekonstruiert.

Adresse Herderplatz 8, 99423 Weimar | **ÖPNV** Bus bis Goetheplatz, dann zu Fuß über Graben und Rollplatz | **Anfahrt** vom Goetheplatz über Geleitstraße, Marktstraße, Kaufstraße zum Herderplatz, dort Parkmöglichkeit | **Öffnungszeiten** erfragen im Gemeindebüro 8–12 Uhr, 03643/851518 oder in der Tourist-Information: 03643/7450 | **Tipp** Aber in die Herderkirche muss man unbedingt auch hineingehen, und sei es nur, um den Cranach-Altar zu bewundern. Und wer hier alles begraben liegt …

56 Das Herrenhaus Holzdorf

Verschwunden und doch nicht weg

Das Herrenhaus des Landgutes war bis 1874 Familienbesitz der Weitzenbergs, Nachfahren von Lucas Cranach. Weil es der Mannheimer Unternehmer Otto Krebs schaffte, sehr, sehr vielen Kunden mit Strebel-Heizungen Wärme in ihre Gebäude zu pusten, ergoss sich eine warme Regenflut an Gewinnausschüttung über ihn. Mit dem Geld kaufte er 1917 das Gut in Holzdorf und da hinein eine der größten Privatsammlungen an Gemälden und Skulpturen, die es in den 20er Jahren in Deutschland gab. Hier hingen Cézannes, van Goghs und Gauguins. Im Garten standen Plastiken von Degas und Maillol. 1945 besetzten erst amerikanische, dann sowjetische Truppen das Landgut. Marschall Tschuikow, Chef der Sowjetischen Militäradministration in Thüringen, bezog Quartier im Herrenhaus. Knapp 80 Gemälde wanderten als Kriegsbeute in die Eremitage, damals Leningrad, heute wieder St. Petersburg, wo sie sich immer noch befinden. Auf dem Landgut Holzdorf wird seit 2012 eine Gemäldesammlung gezeigt: Kopien – angefertigt von Petersburger Kunststudenten.

Otto Krebs starb 1941 an Krebs. Einen Großteil seines Vermögens vermachte er der »Stiftung für Krebs- und Scharlachforschung«, heute als Teil der Uni Heidelberg immer noch existent.

Im einst repräsentativen Herrensitz – mit einer Fassadenverkleidung aus geschnitzten Schindeln, innen goldverzierten Ledertapeten und Intarsienfußböden – ist nun die Diakonie der Herr im Hause. Mit Waldkindergarten, sozialpädagogischen Angeboten für Erwachsene und dem Plan, Holzdorf auch zu einem Treffpunkt für Kunst- und Kulturliebhaber zu machen.

Bibliothek, Gobelin-, Musik- und Lederzimmer sowie der wunderschöne Park bieten Platz für Veranstaltungen unterschiedlichster Art. In der Cafeteria gibt es Hausmarke-Apfelsaft von der Gutsplantage und frischen Kuchen. Gruppen und interessierten Personen werden Führungen auf dem Landgut mit Park und Herrenhaus angeboten.

Adresse Otto-Krebs-Weg 5, 99438 Weimar-Holzdorf | **ÖPNV** mit der Bahn Richtung Bad Berka, Bahnhof Holzdorf, von dort wenige Schritte bis Landgut Holzdorf | **Anfahrt** von Weimar über die B 85 Richtung Süden, über Gelmeroda, Lengefelder Hauptstraße, dann rechts nach Holzdorf, dort links an der Landgutallee | **Öffnungszeiten** jeden 1. So im Monat 14–16 Uhr (auch Cafeteria geöffnet) und nach Anmeldung: Tel. 03643/777880 | **Tipp** Im wenige Kilometer entfernten Troistedt wurde am 12. April 1945 die Stadt Weimar kampflos an amerikanische Truppen übergeben. Eine Gedenktafel erinnert an den Kurier, Troistedts Bürgermeister Richard Weyde.

57_Die Hetzer-Hallen

… und eine verschwundene Villa

Jahrzehntelang fuhr man, mit dem Zug aus westlicher Richtung kommend, bei Einfahrt in den Weimarer Bahnhof an einer giftgrünen Villenruine vorbei. Gruselfilme à la Hitchcock hätte man dort drehen können. 2012 – nach langer baurechtlicher Veränderungssperre fast ganz verfallen – verschwand das Haus, das 1898 im Auftrag von Otto Hetzer gebaut wurde. Der Mann hat seinen unschönen Nachnamen in der Industriegeschichte platziert. Am 22.6.1906 erhielt der Zimmermann Karl Friedrich Otto Hetzer das Reichspatent 197773 für gebogene, verleimte Brettschichtträger aus zwei oder mehr Lamellen. Es war die Geburtsstunde des modernen Ingenieur-Holzbaus. Vier weitere Patente folgten.

Modern? Mit Holz wurde doch schon jahrtausendelang gebaut? Ja, aber nicht säulenlose Dachkonstruktionen in dieser Größe. Auf der Weltausstellung 1910 in Brüssel überreichte man Hetzer den »Grand Prix« für seine Reichseisenbahnhalle. Spannweite: 43 Meter. Das war damals die größte freitragende Halle, in nur zwei Monaten errichtet.

In Weimar war Hetzer seinerzeit einer der größten Arbeitgeber. Geblieben sind von dem Holzbau-Pionier nur die große und kleine Hetzerhalle neben der Viehauktionshalle. Die große ist Lager der Konsumgenossenschaft (ja, so etwas gibt es noch), die kleine ein Getränkemarkt. Wo vor der Tür der erste Schluck genommen wird und die gefüllten Leergutkästen rasseln, da hängt eine kleine Würdigungstafel aus Travertin. Eine blau-gelbe Partei fand das unwürdig und forderte, mindestens einer Straße oder einem Platz in Weimar Hetzers Namen zu verleihen.

Als Weimar Kulturhauptstadt Europas war, fand in der Viehauktionshalle nebenan Kunst und Kultur statt. Sportveranstaltungen wären auch möglich. Aber solche Großobjekte für dauerhafte Nutzung herzurichten, kostet Geld. Mittelständische Kaufleute können nicht schaffen, was ein Kaufmann mit viel Geld kurzzeitig schaffte.

Adresse Kreuzung Rießnerstraße/Ettersburger, 99427 Weimar | **ÖPNV** Bus Linien 1, 5, 6 und 8, Haltestelle Ettersburger Straße/Rießnerstraße | **Anfahrt** Ernst-Thälmann-Straße stadtauswärts, weiter auf Ettersburger Straße bis Ecke Rießnerstraße | **Tipp** Europarundreise zu Hetzer-Bauwerken durch Deutschland, Polen, Schweiz, Schweden, Belgien, Niederlande und Dänemark. Nicht wenige Gebäude stehen noch: zum Beispiel die Bahnhofshalle Malmö, die Lokhalle in Bern und der Malsaal des Theaters Halle sowie das Theater in Hellerau bei Dresden.

58 Inschriften

Literatur allüberall

Narrenhände beschmieren Tisch und Wände. Tische? Das ist doch was für Anfänger, für gelangweilte Pennäler. Wände gestalten, das ist große Kunst. In Weimar hat diese Vertikalflächengestaltung in den meisten Fällen literarischen Anspruch, aber es gibt auch Vollfassadenbilder. Am Graben wird man fündig.

Man muss nur hocherhobenen Hauptes auf Spurensuche gehen, und die Sprüche hageln nur so auf einen herab. »Wenn wir es recht überdenken, so stecken wir doch alle nackt in unseren Kleidern.« Schnell mal googeln!? Ah, der Heineheinrich hat's gesagt, der Spötterbote. Manche Inschriften sind nicht nur aufgemalt, sondern für ein Weilchen Ewigkeit in Stein gemeißelt. Wind und Wetter frästen über Jahre kleine Körnchen Wahrheit aus dem Goethe-Epigramm unterhalb des Römischen Hauses im Park an der Ilm. Klassik Stiftung und der Verein »Grüne Wahlverwandtschaften« weihten vor gar nicht allzu langer Zeit eine neue Steintafel ein, auf der die »heilsamen Nymphen« beschworen werden, »IEGLICHEM« zu geben, was der im Stillen begehrt. Auch den Traurigen und den Liebenden sollen die Nymphen »hylfreich und troestlich … seyn«.

Überhaupt Steintafeln: An viele Wände wurden Gedenktafeln angeschraubt, um Touristen Orientierungspunkte auf ihrer Stadtwanderung zu geben. Nur Touristen? »Trittst du herein, so sei dir Frieden und wenn du gehest Heil beschieden«, steht an einem Haus am Anfang der Lincolnstraße sehr passend, denn im Haus hat sich der Medizinische Dienst der Thüringer Krankenkassen eingemietet. Soll man solche guten Wünsche nur Touristen überlassen? Bibelfeste wissen beim Spruch an der Zöllnerstraße 28 »Ich will dich mit meinen Augen leiten«, das ist Vers 8 aus Psalm 32. Das Haus war einmal die Beschäftigungs- und Versorgungsanstalt für Blinde und Taubstumme, Max Zöllner der Stifter.

Und wer wünscht wandschriftlich »Happy B-Day«? Gibt es Weimarer Stadtimker?

Tipp Im Bestand der Bibliothek der Bauhaus-Universität befindet sich das antiquarische Buch »Deutsche Inschriften an Haus und Geräth«, ein Herr Ludwig Forck hat da viel Nachdenkenswertes und Amüsantes zusammengetragen. Vielleicht sollte man mal einen Sonderband II mit Weimarer Inschriften machen.

59_Das Jakob-Kaiser-Haus

Der rasende Apollo

Die Jakob-Kaiser-Stiftung, die in der Villa eine Bildungseinrichtung betreibt, ist eine staatlich anerkannte Institution der politischen und beruflichen Weiterbildung für Jugendliche und Erwachsene, unabhängig und überparteilich. Die Bildungsarbeit orientiert sich an der Politik und Persönlichkeit Jakob Kaisers. Wer war oder ist Jakob Kaiser?

Gelebt hat er von 1888 bis 1961, war Buchbinder und aktiver christlicher Gewerkschafter, Überlebender des Widerstands gegen Hitler. Kaiser war Mitbegründer der CDU in der sowjetischen Besatzungszone, wurde als Vorsitzender 1947 abgesetzt und setzte sich ab, in den Westen. Dort war er Gegner von Adenauers Politik. Kaiser wollte immer ein ungeteiltes, blockfreies Deutschland als Brücke zwischen Ost und West. Er war Bundesminister für Innerdeutsches und Mitbegründer der CDU-Sozialausschüsse. Die kapitalistischen Schlüsselindustrien hätte er gern vergesellschaftet gesehen.

So weit zum Ernst dieses Gebäudes. Jetzt noch zum Spaß. Als es 1906 errichtet wurde, bekam es neben einer teuren modernen Dampfniederdruckheizungsanlage etwas für den Erstbesitzer Berthold Ruppe Unabdingbares: einen Automobilschuppen. In den Jahren 1904 bis 1927 stellte dessen Firma »A. Ruppe & Sohn« in Apolda Automobile der Marken »Piccolo« und »Apollo« her. Diese waren wegen des erschwinglichen Verkaufspreises bei sehr guter Qualität beliebt. Der Konstrukteur Carl Slevogt errang im »Apollo« bei Autorennen in Ostende so viele Siege, wie sein Auto Sitze hatte, nämlich zwei. Und er stellte einen Geschwindigkeitsweltrekord auf. Danach wurde die Apoldaer Firma marketingorientiert in »Apollo-Werke AG« umbenannt.

Nützte letztendlich nichts. Und so ging auch die Weimarer Villa an einen neuen Besitzer, der mehr Kohle flüssig hatte: Kohlehändler und Ziegelproduzent Otto Albrecht. Der fuhr seinen »Apollo« gleich in den Automobilschuppen.

Adresse Wilhelm-Külz-Straße 22, 99423 Weimar | **ÖPNV** Bus Linie 6, Haltestelle Wilhelm-Külz-Straße | **Anfahrt** Humboldtstraße stadtauswärts, an der Cranachstraße links weiter | **Tipp** Die ehemals vier, jetzt nur noch drei Skulpturen im Garten: die Jahreszeiten, neu gestaltet mit Ergänzungen. Die Dame, die den Frühling repräsentiert, hat zum Beispiel einen Vogel – im steinernen Haar.

60_Jean Pauls Stein

Nicht ohne meinen Gerstensaft

Der Mann hat ein Denkmal in Bayreuth. Und daselbst ein 2013 neu gestaltetes Museum. In Berlin hat sich ein Modelabel den Namen angeheftet. In Weimar gibt es ihm zu Ehren einen Stein, flach in das Pflaster des Marktplatzes eingelassen. Nichts stört, wenn man von Marktstand zu Marktstand pilgert. Man kann den Stein betreten und muss deswegen nicht betreten gucken.

Dem Geehrten hätte das unter Umständen sogar gefallen. Zu Lebzeiten war der Schriftsteller Jean Paul – eigentlich Johann Paul Friedrich Richter, der sich aus Bewunderung für Jean-Jacques Rousseau so verkürzt nannte – beliebt wie kaum ein Zweiter. Vor allem die weibliche Leserschaft machte seine dicken Romane zu Bestsellern. Heute müsste man den Fernseher schon sehr lange ausschalten, um »Siebenkäs« – im Untertitel »Blumen-, Frucht- und Dornenstücke oder Ehestand, Tod und Hochzeit des Armenadvokaten F. St. Siebenkäs im Reichsmarktflecken Kuhschnappel« – und all die anderen Bücher des Vielschreibers ganz durchzulesen.

Bevor Jean Paul 1796 nach Weimar kam, wünschte er sich sehnsüchtig, die, wie er schrieb, hohe Dreieinigkeit der drei großen Weisen zu sehen. Er meinte Wieland, Herder und Goethe. Sein Wunsch ging in Erfüllung. Und mehr noch. »Ach, hier sind Weiber!«, schrieb er an seinen Freund Christian Otto, und dass der ganze Hof bis zum Herzog ihn lesen würde. Was gibt es für einen Schriftsteller Wichtigeres? Nachruhm vielleicht.

Der schleicht ihm nur hinterher. An runden Geburtstagen wird ihm mal ein Litfaßsäulenprojekt gewidmet, dann ist wieder Ruhe. Aber der Worterfinder Jean Paul ist immer mit uns, wenn wir Angsthase sagen oder Wetterfrosch, Schmutzfink und die von bekannten Ex-Doktoren zu wenig gesetzten Gänsefüßchen.

Und: Bier war für Jean Paul »Weihwasser« und »Heilmittel«, besonders das bittere aus Bayreuth. Er ließ es sich auch hierher liefern, »um nicht am englischen weimarischen umzukommen«.

Adresse Der Gedenkstein befindet sich auf dem Markt in der Nähe des Rathauses, 99423 Weimar. | **Anfahrt** bis Parkhaus Beethovenplatz oder Parkplatz an der Herderkirche, dann weiter zu Fuß | **Tipp** Oft steht, manchmal den Gedenkstein fast verdeckend, eine Thüringer Bratwurstbude auf dem Markt. Nicht ärgern, auch nicht Kalorien zählen, sondern Bratwurst genießen. Dazu ein Bier und ein »Prosit« auf Jean Paul.

61 Die Kirche St. Mauritius

Dörfliches Stadtleben im Feuchtgebiet

Die Kirche kennt man aus der Kunstgeschichte und aus dem Fernsehen. 1919 malte Lyonel Feininger »Die Kirche von Niedergrunstedt«. Aus dunklem Tann schaut der Betrachter auf den Sakralbau. Das Bild ist heute in der Nationalgalerie Berlin zu finden. Es gehörte einst einer jüdischen Familie. Die Geschichte des Bildes ist deutsche Geschichte. Im Innern der Kirche wurde auch gemalt: ausgemalt, und zwar vom Weimarer Hofmaler Johann Ernst Rentzsch dem Jüngeren. Der hatte die Malwut, und deswegen ist die Kirche heute so schön. Sein Grab findet man an der Seite von Lucas Cranach d. Ä. (siehe Seite 44).

Und im Fernsehen? Da spielte Niedergrunstedt in persona in kleinen und Nebenrollen mit und als romantische Dorfkulisse für die ZDF-/KiKA-Serie »Ein Engel für alle«. Pfarrer Gottschalk und Pfarrer Zeisberg lassen sich von den Engeln Zacharias und Amadeus mit himmlischen Tricks helfen. Soll aber nicht auffallen, das ist der Witz der Serie, die im »Thüringer Bullerbü« gedreht wurde. Manche sagen auch Hollystedt.

Die Kirche trägt den Namen der wertvollen Briefmarke, nein, den Namen des heiligen Moritz, Schutzheiliger der Militaristen und Waffenschmiede, aber auch der Handwerker, die mit dunkler Farbe umgehen, und der Schutzengel der Pferde. Gut, das kann man gelten lassen. Diese Kirche ist schriftlich-päpstlich belegt, weil der 22. Johannes-Papst 1322 erklärte, hier müsse man hinwallfahren. Hierher wanderten 1933 jungdeutsche Handlungsgehilfen und machten johlend ein Lagerfeuer mit den »gefährlichen Büchern« von Tucholsky, Heinrich Mann, Remarque, Feuchtwanger und anderen. Das in der Buchstadt Weimar zu tun, traute man sich anscheinend nicht.

Niedergrunstedt ist heute ein friedlich-freundliches Dorf. Es begrüßt mit »Willkommen in der Du-Zone« auf zusätzlichen Ortseingangsschildern. Wenige Meter hinter einem der Schilder soll regelmäßig geblitzt werden.

Adresse Kirche St. Mauritius, Schulweg, 99428 Weimar-Niedergrunstedt | **ÖPNV** Bus Linie 6 nach Niedergrunstedt, Haltestelle Lindenstraße | **Anfahrt** stadtauswärts B 85 Berkaer Straße, hinter Klinikum rechts Lindenstraße nach Niedergrunstedt | **Öffnungszeiten** zu den Gottesdiensten und auf Anfrage: Tel. 03643/909038 | **Tipp** Das Restaurant »Troika« in Obergrunstedt bietet ukrainisch-russisch-kaukasische Küche zu sehr freundlichen Preisen, dazu gibt es gute Laune und Seelenfrieden kostenfrei (so die Werbung); unbedingt reservieren (www.troika-restaurant.de).

62 Der Kirms-Krackow-Garten

Durch die Blume sprechen

Eine Idylle in der Idylle: Der Garten mit den Biedermeier-Blumenbeeten, dem Spalierobst, dem Café und dem Pavillon. Ein Ort mit viel »R«: Rückzugsmöglichkeit, Ruhe, romantisch, relaxen. Vielleicht das dicke Buch mit sämtlichen Märchen von Hans Christian Andersen mitbringen, der sanftmütige Erzähler war auch mal Gast in Haus und Garten. Er liebte Gärten, die Natur. Man lese nach: Der Gärtner und die Herrschaft, Das Schneeglöckchen, Was die Distel erlebte, Die Schnecke und der Rosenstrauch, Däumelinchen, Das Holunderweibchen …

Hummel war auch hier im Garten, nicht die, sondern der: der Komponist. Und Liszt. Und alle üblichen »Verdächtigen« von Schiller, Herder, Wieland bis Bertuch, Lexikon-Meyer, Jean Paul und Kinderfreund Falk. Und jetzt wir. Schön ist es hier. Ein Kleinod von einem Ackerbürgerhaus, das sich vom Acker trennte, um bürgerlich-gemütlich zu werden. Wohnkultur pur, bürgerliches Weimar am Anfang des 19. Jahrhunderts. Gleichzeitig ein Zeugnis des Wandels dank gewisser Wohlhabenheit. Mit dem einen Bruder Kirms, dem Franz, wusste sich Goethe gut zu stellen, denn Franz war keine Kanaille, sondern der großherzogliche Finanzverantwortliche, auch für das Theater. Der wackere Franz heiratete mit 73 die fast 30 Jahre jüngere Caroline Krackow, was den Hausnamen vollständig erklärt. Zu Franz Kirms noch ein Wort: Träger des grünen Daumens. In seinem Hausgärtchen seien die Rosen größer und voller und alle Früchte saftiger und wohlschmeckender als bei anderen Leuten gewesen. Die Blumenliebhaber Kirms und Carl August tauschten Samen und Freude am Aufgeblühten. Die meiste Arbeit im Kirms-Garten hatte allerdings der Gärtner Fritsch.

Was Frau Caroline mit Fritsch nach Kirms Tod weiterführte, wurde im »Blumistik-Verein« ausgewertet und ist heute Grundlage für eine kleine Ausstellung inmitten des Juwelenkästchens voller Duft und Farben. Manchmal auch mit Gartentheater.

Adresse Jakobstraße 10, 99423 Weimar | ÖPNV Bus Linien 1, 2, 3 und 9 bis Haltestelle Atrium, zu Fuß durch die Jakobstraße | Anfahrt Unbeirrbare Autofahrer versuchen, auf dem Herderplatz zu parken, von dort zu Fuß nur wenige Meter. | Öffnungszeiten Kirms-Krackow-Haus März–Okt. Fr 13.30–17 Uhr, Sa und So 10–17 Uhr; Garten ganzjährig 8–20 Uhr beziehungsweise bis Einbruch der Dunkelheit | Tipp In der Kaufstraße gibt es eine ehemalige Fleischerei, die dann Ambiente-Laden war, mit Osterhasen auf Fliesen und Weihnachtsbaumkugeln an Fleischhaken; aktuelle Nutzung bitte selbst auf Erstaunlichkeiten prüfen.

63 Die Klingel am Goethehaus

Ein internetter Scherz

Goethes Wohnhaus am Frauenplan ist heute Nationalmuseum. Zigtausende Besucher aus aller Welt gehen hier Jahr für Jahr durch, um ein wenig an der Aura des Hauses zu schnüffeln, vielleicht etwas Goethe-Feeling mit zurück nach Japan oder in die USA zu nehmen. Zu Goethes Zeiten gelangten Besucher durch die zweiflügelige Tür in der Mitte des Hauses in ebenjenes hinein.

Im Internet kursiert folgendes Goethegedicht: »Die Haustürklingel an der Wand, / der Frauenbusen in der Hand / sind beides Dinge wohlverwandt. / Denn, wenn man beide leis' berührt, / man innen drinnen deutlich spürt, / dass unten draußen einer steht, / der sehnsuchtsvoll nach Einlass fleht.« Gab es zu Goethes Zeiten schon elektrische Klingeln? Welche Klingel klingelt sonst bei leiser Berührung? An der Tür des Goethehauses gab es keine Klingel, nicht mal einen Klopfer. Hinter der Tür saß ein Diener und ließ einen durch oder eben nicht.

Und wie ist es mit folgender dem Weimarer Erotomanen zugeschriebenen Sequenz? »Als ich jung war, waren alle meine Glieder gelenkig, bis auf eins. Jetzt, wo ich alt bin, sind alle meine Glieder steif, bis auf eins.« Also Goethe hätte zumindest »bis auf eines« geschrieben, wenn er denn so etwas schriftlich in die Welt gesetzt hätte. Vorsicht vor frechen Zitaterfindern!

Aber ist diese Namensammlung von Johann Wolfgang? Hans Arsch von Rippach, Reckärschgen und Schnuckfözgen, Peter Sauschwanz, Scheismaz, Stinckloch, Hosenscheiser und Leckarsch, Dr. Bonefurz, Fozzenhut, Piphan-Schnudelbutz, Farzpeter, Heularsch, Schwager Mistbeet, Hans Schiss, Nonnenfürzgen, SchweinPelz, Wurstfresser aus dem Scheishaus, Galloch Schalloch …

Alles Goethe, echt! Zu finden in der nie vollendeten derben Puppenspiel-Farce »Hanswursts Hochzeit«. Tja, dann noch das: »Im neuen Jahre Glück und Heil; / Auf Weh und Wunden gute Salbe! / Auf groben Klotz ein grober Keil! / Auf einen Schelmen anderthalbe!«

Adresse Goethe-Nationalmuseum, Frauenplan 1, 99423 Weimar | ÖPNV Bus Linien 1, 5, 6, und 8, Haltestelle Wielandplatz, zu Fuß den Frauenplan entlang | Anfahrt bis Parkhaus Beethovenplatz, zu Fuß rechts am Dorint-Hotel vorbei, nächste scharf rechts | Öffnungszeiten Mitte Okt.–März Di–So 9–16 Uhr, April–Mitte Okt. Di–So 9–18 Uhr; regelmäßige Führung: Di, Do, Fr 13 Uhr | Tipp Direkt gegenüber vom Goethehaus befindet sich am Frauenplan 13 die Kneipe »Das schmale Handtuch«. So nennen Einheimische die 1998 nach umfangreicher Restaurierung wiedereröffnete Gaststätte »Zum Goethebrunnen« mit deftiger Thüringer Küche und gutem Thüringer Bier.

64_Koriats Kuchenmanufaktur

Friede, Freude, Feierkuchen

Kuchen sollst du suchen. Ach, verflixte Sprücheklopferei! Hier muss man nicht suchen, aber aussuchen. Die Qual der Wahl ist groß. Und die Versuchung! Der Maître de Calorie heißt Aviv Koriat.

Der Sohn eines marokkanischen Juden wuchs in einem israelischen Kibbuz auf, studierte nach dem Wehrdienst Kunst und gründete ein gut gehendes, international agierendes Designbüro. Als seiner Frau ein Kunststipendium des Künstlerhauses Bethanien in Berlin zugesprochen wurde, nutzte Koriat das zu einem selbst gemachten Karrierebruch. Beinahe wäre es eine Bruchlandung geworden, denn die deutsche Hauptstadt zeigte dem Israeli, der noch keine Sprachkenntnisse hatte und auch keinen Plan, zunächst die kalte Schulter. Trost fand er beim heimatlich geprägten Kochen und vor allem beim Backen, eine Kunst, die alles Wissen der Frauen in seinem ehemaligen Kibbuz verband: Rezepte aus Ägypten, Marokko, Argentinien, aus Deutschland und Österreich. Außerdem brachte Aviv Koriat seine noch in Tel Aviv erworbenen Kenntnisse in französischer Feinbäckerei mit ein. Und das brachte den Durchbruch zum neuen Leben.

Koriats Kuchenmanufaktur wurde ein Renner, zunächst in Berlin, seit einiger Zeit auch in Weimar. Dabei hatte es nicht an warnenden Stimmen gefehlt. Die Weimarer hätten schon genug Thüringer Kuchenbäckereien, unübertroffen gut, traditionell, den einheimischen Geschmacksknospen angepasst. Aber es dauerte nicht lange, und die Kundschaft kam in Scharen, drängte sich um die wohlriechenden Köstlichkeiten und kaufte sozusagen aus dem Backofen heraus. Das Spannende an Koriats vielen verschiedenen Torten und Tartes ist, dass ihr geradezu backverrückter Hersteller als großer Experimentator ständig an Neuem tüftelt. Manchmal dauert es Monate, bis er mit einer Neukreation zufrieden ist. Frische und geschmacksintensive Zutaten bleiben aber das Grundgeheimnis. Motto: Ein Leben ohne Kuchen ist möglich, aber sinnlos.

Adresse Steubenstraße 48, 99423 Weimar | **ÖPNV** Bus Linie 2, Haltestelle Katholische Kirche/Busbahnhof | **Anfahrt** vom Goetheplatz über Heinrich-Heine-Straße und Gropiusstraße rechts in die Steubenstraße, bis zum Ende, rechts am August-Frölich-Platz | **Öffnungszeiten** Café & Geschäft: Di–So 10–18 Uhr, Mo »nach Gusto« (so steht's an der Eingangstür) | **Tipp** Wer es doch selber und thüringisch probieren will, dem sei die 30. Auflage von Gudrun Dietzes »Thüringer Festtagskuchen« empfohlen, erschienen im Leipziger BuchVerlag für die Frau. Geeignet auch für Männer!

65 Die Kfz-Zulassungsstelle

Sprachwitz inklusive

Wenn Familien mit Kindern stundenlang auf Autobahnen Richtung Urlaub, Verwandtschaft oder sonst wohin fahren, ist die zentrale Frage: Wie die Hinterbänkler bei Laune halten? Bald sind alle Sesamstangen gegessen, ist das Auto vollgekrümelt, alle Lieder sind schon mehrmals gesungen, Mutti und Kindern tun die Hälse weh und Vati die Ohren. Die Antwort auf die Frage »Sind wir bald da?« ist zwar, egal an welchem Punkt der Reise man sich befindet, »In drei Stunden!«, hält aber die Blagen nur sekundenweise in Schach. Dann bleibt noch, sich die Autos auf der Straße anzusehen beziehungsweise deren Nummernschilder. Aber nicht die Nummern sind interessant, sondern die Buchstaben. Das kennt man vielleicht: BM (Bergheim) bedeutet »Bereifter Mörder«, HS (Heinsberg) »Hirnschaden«, KLE (Kleve) »Keiner lebt ewig« oder WE (Weimar) »Wirklich einmalig«. Aber mit solchen Interpretationen soll man bei den lieben Kleinen vorsichtig sein, weil die die versteckte Ironie noch nicht ganz verstehen.

Weimars Kennzeichen allerdings ist wirklich einmalig, nämlich einmalig vielfältig, wenn man auf Autokennzeichen-Vollwort-Suche ist. Die Buchstaben vor und hinter dem Strich zusammen ergeben in Dortmund höchstens DO-OF, in der Thüringer Landeshauptstadt wächst auf Autos nur das langweilige EF-EU. Aus dem Gothaer GTH ist gar kein Wort zu bilden.

Weimar dagegen ist eine Wortspielwiese. Frisch ans WE-RK. Hier fahren WEIN und WEIB – im Auto der dazu passende Gesang. Angelfreunde fahren WELS, ältere Herrschaften WELK, zugezogene reiche Kulturbürger WEST, Konservative WERT. Und WENN man früh aufgeWECKt wurde, stehen einem WEGE in alle WELT WEIT offen. Und WEIL hier das »Herz deutscher Kultur« schlägt – das kann man auf jedem Weimarer Parkschein lesen –, ist selbst die Kraftfahrzeugzulassungsstelle ein Stück Kulturstadt. Samstags sei es dort total leer, die amtliche Wartezeit sensationell kurz.

Adresse Schwanseestraße 17, 99423 Weimar | **ÖPNV** Bus Linien 5 und 8, Haltestelle Schwanseestraße/Stadtverwaltung | **Anfahrt** Ziel Schwanseebad, gleich gegenüber die Stadtverwaltung | **Öffnungszeiten** Mo 7–13 Uhr, Di, Do 8–18 Uhr, Mi, Fr 8–13 Uhr, jeden ersten Sa im Monat 9–12 Uhr | **Tipp** Im »congress centrum neue weimarhalle« ist fast täglich eine Veranstaltung, nicht alle sind jedoch öffentlich.

66 Kräuters Haus

Das Geheimnis des Sekretärs

Ist das hier das schmalste Haus Weimars? Von der Seite bestimmt, aber es verbreitert sich. Dabei wäre das eine passende Symbolik gewesen für den einstigen unberühmten Berühmten, der hier wohnte und sich eingeengt fühlte: Friedrich Theodor Kräuter. Er schrieb: »Es ist traurig, wenn man um große Herren herum ist, da verliert man ganz seine Selbständigkeit, darf keinen eigenen Willen mehr haben, genug, man ist ihr Fangball, den sie nach ihrer Willkür herumwerfen.«

Er war Goethes Skribent, also Schreiber – einer von dreien –, und Privatsekretär. Im Februar 1811 wurde er angestellt. Er war klug, verstand Englisch und Französisch, hatte eine schnelle Auffassungsgabe und eine saubere Schreibe. Wer Goethes »Italienische Reise« oder »Wilhelm Meisters Wanderjahre« im Original ansieht, liest große Teile in Kräuters ordentlicher Schrift.

Im Mai 1815, nach vier Jahren vertrauensbildenden Maßnahmen, saß Sekretär Kräuter erstmals als Gast an Goethes Mittagstisch. Er war Begleiter auf Reisen nach Jena oder schickte Berichte, was in Weimar los war, wenn Goethe seinerseits auf Reisen war. Ab 1817 war er auch Herrscher über Goethes Bibliothek und Archiv, katalogisierte alles, machte sich unentbehrlich, weil er als Einziger mit schlafwandlerischer Sicherheit ein Buch oder ein bestimmtes wichtiges Blatt zu finden verstand. Testamentarisch legte Goethe fest, dass Kräuter bis zur Volljährigkeit der Goetheenkel Archiv, Bibliothek und Sammlungen zu betreuen habe. Allerdings scheint Kräuter den Wert des ihm anvertrauten Materials rechtzeitig erkannt zu haben, denn in der Hinterlassenschaft von Kräuters Großneffen entdeckte man Handschriftliches vom Dichterfürsten, was der gute Privatsekretär weder von Goethe noch von dessen Erben bekommen haben konnte. Der Rat Kräuter – den Titel hatte er 1841 verliehen bekommen – starb ein Vierteljahrhundert nach seinem liebsten Arbeitgeber.

Adresse Leibnizallee 8, 99425 Weimar | **ÖPNV** Bus Linien 2 und 9, Haltestelle Hellerweg, zu Fuß durch die Musäusstraße in die Leibnizallee | **Anfahrt** stadtauswärts Jenaer Straße (B 7), am Goethe- und Schiller-Archiv in die Hans-Wahl-Straße, dann bis Leibnizallee | **Tipp** Auf dem Rothäuserbergweg können angehende Radrennfahrer für die steile Wand von Meerane trainieren, falls die wieder einmal Etappen-Bestandteil eines Radrennens werden sollte.

67_Das KulturGut Ulrichshalben

Konzerte im Pferdestall

Auch das hier ist ein ehemaliges Rittergut. Gut, dass es die Ritter gab und ihre Burgen- und Schlossbauspuren immer noch zu finden sind. Die Ulrichhalbener Spur wäre fast mit einem großen Knall ausgelöscht worden, aber die Nachkriegs-Detonation schaffte doch nicht alle Rittergutsgebäude ab.

Nun ist es das »KulturGut« – mit großem »G« inmitten des Wortes, damit man auf die Güte des Gutes wortspielerisch hingestupst wird. Ein Musikerehepaar hält hier seit einiger Zeit die Hände über das Areal und den von einem anonymen Spender bezahlten »Steinway«-Flügel. Der steht im ehemaligen Pferdestall, dem Konzert- und Veranstaltungssaal. Geburtsort der Konzerte und des »Kultur-Sommers« ist jedoch die Küche im Bauernhaus. Allerdings reichten dort die Plätze schon beim ersten Konzert nicht. Zum Areal gehören viel Wiese und ein Teich mit romantischer Uferterrasse und die Dorfkirche mit der guten Akustik und der 1810 von Johann Benjamin Witzmann gebauten Orgel. Oft sind es ganz junge Hände, die das gute alte Stück zum Klingen bringen. Denn das KulturGut ist Förderort für Schüler und Studierende von Musikschulen in Weimar, Jena und Apolda und aus dem Musikgymnasium Belvedere, wo die musikalisch Hochbegabten studieren. Immer öfter kommen auch junge Gäste aus aller Welt, um hier zu musizieren.

Die Initiative war und ist ganz privat. Den Landrat freut's. Allerdings: Nichts funktioniert in Deutschland ohne Verein. Aber der ist auch längst gegründet. Und wirbt nun auf seiner Website dafür, dass man hier »in der einfachen, ländlich-ruhigen Abgeschiedenheit einen Ort der Inspiration, Kreativität und Begegnung« geschaffen hat. Und wer für sich und seine Gäste (maximal 90 dürfen es sein) ein eigenes Kulturfest privater Natur haben will, für den wird das im »KulturGut Ulrichshalben« problemlos arrangiert.

Adresse Große Kirchgasse 17, 99510 Oßmannstedt-Ulrichshalben | **ÖPNV** Regionalbus Linie 228, Haltestelle Ulrichshalben | **Anfahrt** über Kromsdorf Richtung Ulrichshalben-Oßmannstedt, im Ort links in die Große Kirchgasse | **Tipp** Der Ilmtal-Radweg (Zeichen: ein Radfahrer vor grün-blauer Welle) verläuft zwischen Ilm-Quelle im Thüringer Wald und Ilm-Mündung in die Saale, mit möglichem Halt unter anderem in Ulrichshalben.

68_Der KunstTurm

Ein Turm zeigt, wasser kann

Hieran ist der andere List »schuld«, der ohne »z«, der ja Friedrich hieß. Dieser Friedrich hatte für das total zerstückelte, von Zollgrenzen durchzogene Deutschland eine einigende Vision mit Aufschwunggarantie: die Eisenbahn.

Die Thüringische Eisenbahn-Gesellschaft ließ eine Bahnlinie bauen, die von Halle über Naumburg entlang der Thüringer Städtekette nach Bebra zur Strecke Kassel–Frankfurt führen sollte. 1846 ging es bis Weimar, 1847 über Erfurt und Gotha bis Eisenach und schließlich 1849 von Eisenach über Gerstungen bis Bebra. Das Großherzogtum Sachsen-Weimar war mit einem Viertel des Aktienkapitals bei Gründung der Thüringer Bahngesellschaft dabei.

Eine ordentliche Dampflok kann nicht dampfen und schnaufen, wenn sie nicht unter Dampf steht. Wasserdampf natürlich. Der wird aus Wasser gemacht. Hätte man nicht gedacht!? Die Gerätschaften und Bauten, mit deren Hilfe das Wasser in die Lokomotiven kam, kann man auf immer weniger Bahnhöfen sehen. Wo sie noch stehen, fahren Diesel- und Elektroloks hochnäsig daran vorbei. Braucht man nicht mehr, diese Wassertürme, ist ja auch keine Kunst, kann also weg.

Den großen Weimarer Wasserturm, gebaut 1912 bis 1916 – im Erdgeschoss ursprünglich mit Wannenbädern für die Bahnangestellten ausgestattet –, kaufte 2004 ein ausgeschlafener freischaffender Künstler und erweckte den vor sich hin bröckelnden Lulatsch aus seinem Dornröschendasein. Schlafen kann man hier heute wieder. Am Wasserturm angebaut seit Anbeginn: das Übernachtungsgebäude. Es gibt eine Ferienwohnung und ein Appartement. Aber vor allem gibt es zwei sehr geschmackvoll ausgebaute Etagen im jetzigen »KunstTurm«, die kann man für kleine private, geschäftliche oder öffentliche Veranstaltungen mieten. Sämtlicher notwendiger Service ist schnell dazu angemietet, darf aber auch mitgebracht werden. Schlaf- und Veranstaltungsräume sind getrennt.

Adresse Bahnstraße 1, 99423 Weimar; kontakt@kunstturm.com | ÖPNV Bus Linien 7 und 8, Haltestelle Schopenhauerstraße, in Fahrtrichtung weiter zur Bahnstraße | Anfahrt auf der Friedrich-Ebert-Straße (B 7) Richtung Norden, vor den Bahngleisen rechts in die Bahnstraße abbiegen | Öffnungszeiten über 03643/771774 oder per Mail kann man die selbst bestimmen. | Tipp Das Haus Schopenhauerstraße 2b war ab 1916 für kurze Zeit der private Minibahnhof des Weimarer Fürsten – mit eigenem Bahnsteigzugang – und ab 1920 Bürohäuschen.

69_Das KZ Buchenwald

Wie erinnern?

Zu menschlichen Kulturen gehört auch Unkultur wie die, die mit dem Namen Buchenwald schreckliche Realität war. Darum schmerzt es zwar, aber das Konzentrationslager ist Weltkulturerbe, ein Ort wider das Vergessen, was Menschen tun, was sie anderen Menschen antun.

Die Zeitzeugen, die das Übelste an Üblem überlebt haben, sind fast alle tot. Aber Vergessen oder Nicht-Vergessen ist keine Frage der Biologie, sondern der Moral. Bei den Nachgeborenen geht das nicht von allein, sie müssen Erinnerungs-Arbeit leisten. Vielleicht geht das eines Tages nur noch, wenn man sich selbst die Aufgabe stellt, einer konkreten Person zu gedenken. Tod von vielen ist eine Nachricht unter vielen, der Tod eines ganz bestimmten Menschen prägt unsere Erinnerung. Wen sollte ein Kabarettist wählen? Den jungen österreichischen Kabarettisten und Bühnenautor Jura Soyfer. Oder den besten Conférencier des 20er-Jahre-Kabaretts, Fritz Grünbaum – auch Operettenlibrettist, dem der Operettenberufskollege und Schlagertexter Fritz Löhner-Beda hier im KZ zum 60. Geburtstag eine herzerwärmende Rede hielt. Oder Löhner-Beda selbst. Oder Paul Morgan, Schauspieler und Chef des »Kabaretts der Komiker« in Berlin. Alle waren hier. Morgan und Soyfer starben in Buchenwald, Löhner-Beda in Auschwitz. Grünbaum im KZ Dachau.

Sie alle sorgten dafür, dass dem Ernst des Lebens mit einem Lächeln begegnet, mit ein oder zwei Pointen das Leben leichter wurde, letztendlich lebenswerter. Es waren Berufskollegen, die man umbrachte. An ihre Schicksale sollten (sich) Mittelthüringer Kabarettisten immer wieder erinnern.

Aber wie könnte man ein für alle Mal verhindern, dass irgendjemand diesen bösartigen Slogan vom Tor des KZs Buchenwald gedankenlos, erinnerungslos benutzt: Jedem das Seine! Auch in der herkömmlichen lateinischen Form: suum cuique. Immer noch zu lesen auf den Abzeichen der Bundeswehr-Feldjäger.

Adresse Gedenkstätte Buchenwald, 99427 Weimar | **ÖPNV** Stadtbus Linie 6 in Richtung Buchenwald (nicht Ettersburg) | **Anfahrt** aus der Innenstadt über Ernst-Thälmann-Straße, Ettersburger Straße, dann links abbiegen in die Blutstraße Richtung Gedenkstätte | **Tipp** Im Kulturstadtjahr wurde die »Zeitschneise« ausgebaut: ein begehbarer Weg zwischen der Kulturstätte Schloss Ettersburg und der Stätte der Unkultur.

70_Der »Lange Jakob«

Hochhaus mit niedrigen Kosten

Von wegen hässliche Platte. Wer so etwas rauslässt, hat noch nicht realisiert, dass dieses Gebäude Weimars einziges Hochhaus ist. Ein Alleinstellungsmerkmal. Wie das vielfenstrige Gebäude da so dasteht, ist es freilich ungeschützt allen Anfeindungen ausgesetzt und sofort als sozialistische Bausünde eingeordnet. Der »Lange Jakob« oder kurz »Jakob« wurde Anfang der 1970er Jahre errichtet, mitten im historischen Jakobsviertel. Die Planungen waren – wie man damals sagte – weiterführend, denn das Haus sollte nur ein kleiner Teil der Neubebauung sein. Wurde nichts daraus. Und so steht da dieses Studentenwohnheim, und viele sind froh, dass es da steht, weil sonst die studentische Unterkunftsnot noch verschärfter wäre, als sie in Weimar schon ist.

Fast 1.000 Studenten der damaligen Hochschule für Architektur und Bauwesen kamen hier unter, lebten, liebten – so mancher junge Mensch verlor im »Jakob« seine Unschuld. Bei voller Belegung war das nur eine Frage der Absprache mit den Zimmergenossen. Heute bietet das teilsanierte Gebäude 344 Schlaf-Arbeits-Plätze – darunter zwei behindertengerechte Einzelappartements – mit Gemeinschaftsküchen und Gemeinschaftsduschen und weiteren Gemeinsamkeiten. Die Zimmer sind möbliert, Kühlschrank steht schon da, leider leer, und Buchsen, um Laptop, Fernseher oder Telefon einzustöpseln, gehören heutzutage dazu. Alles sogar für einen halbwegs erschwinglichen Mietpreis. Eigentlich eine recht segensreiche Einrichtung.

Ist es nun trotz Übergröße und Unschönheit nicht doch ein erhaltenswertes Zeugnis sozialistischer Architektur und Städteplanung? Es wird heftig über einen Denkmalstatus nachgedacht. Denkmal ja, ein sehr lebendiges, das sich – wie es an der Bauhaus-Uni einmal poetisch formuliert wurde – als fremdartiger Solitär aus der kleinteiligen Bebauung des Jakobsviertels heraushebt. Eine Aussichtsplattform wäre toll.

Adresse Jakobsplan 1, 99423 Weimar | **ÖPNV** Bus Linien 1, 2, 3 und 9, Haltestelle Atrium, gleich gegenüber | **Anfahrt** bis Atrium-Parkhaus in der Friedensstraße, weiter zu Fuß | **Tipp** Kaufsüchtige und Konsumterroristen finden gleich nebenan im »Atrium« ein Paradies. Manchmal kann man sich hier aber auch eine interessante Ausstellung anschauen.

71_Lattkes Gartenwohnhaus

Ein Maler zeichnet Comics

Ein Blick über den Gartenzaun ist erlaubt. Wenn es warm ist, grünt und blüht es. Malerisch sieht es aus. »Lattke« steht am Gartentor. Hier wohnte nach 1945 Friedrich Karl Lattke, genannt Fritz. Eigentlich hieß der aus dem Sorbischen stammende Maler und Grafiker Fryco Latk. Die Comicgemeinde kennt ihn als den Mann, der Anfang der 30er Jahre die ersten deutschen Comicstrips in der Zeitung veröffentlichte, in der »Thüringer Allgemeinen Zeitung«. Die Zeichnungen mit dem treuen Freundesquartett Hanni, Fritzi, Putzi samt dem klugen Raben Kolk erfreuten sich größter Beliebtheit, erschienen sehr schnell auch in Buchform. Und Lattke zeichnete die Titelbilder der erfolgreichsten, heute würde man sagen, deutschen Fantasy-Heftserie »Sun Koh – Der Erbe von Atlantis«. 150 Titelbilder. Alles nur Broterwerb, denn Lattke war Maler, ein recht guter Landschaftsmaler sogar.

Er wohnte mit seiner Frau – einer Urenkelin von Otto Schäffer, 1867 bis 73 Weimars Bürgermeister – und zwei Kindern in der Steubenstraße. Im Februar 1945 fiel eine Bombe in Lattkes Haus. Wohnung und Atelier verloren, das Leben gerettet. Provisorisch zog die Familie zu den Tanten, die in der Ibsenstraße ein Grundstück bewirtschafteten und sich so das Überleben sicherten. Das Provisorium wurde zur glücklichen Lösung für immer. An das Gartenhaus ließ Lattke ein Atelier anbauen. Er bezahlte mit Bildern. Auch Bäcker und Fleischer nahmen die Kunst als Zahlungsmittel an.

Mit den Oberen hatte sich Lattke nie vertragen. Er verweigerte den Hitlergruß, saß wegen angeblicher Spionage im Gefängnis. Nach dem Krieg haderte er auch mit den neuen Regierenden, wurde aus dem sorbischen und dem DDR-Künstlerverband ausgeschlossen. Die Domowina, der Dachverband aller sorbischen Vereine und Verbände, rehabilitierte Lattke mit der Verleihung ihres Kunstpreises. Tochter Elisabeth wohnt heute inmitten der Erinnerungen an ihren Vater.

Adresse Ibsenstraße 1, 99425 Weimar | **ÖPNV** Bus Linie 2 bis Endhaltestelle Bodelschwinghstraße, zu Fuß entgegen der Fahrtrichtung, dann rechts in die Ibsenstraße | **Anfahrt** aus der Innenstadt auf der B 7 Richtung Jena, rechts in die Bodelschwinghstraße, dann links in die Ibsenstraße | **Tipp** Über die Martin-Luther-Straße, dann über die Brücke in Oberweimar kommt man links in die Belvederer Allee, an deren Ende Schloss und Park Belvedere im Sommer Open-Air-Musik präsentieren.

72_Das Lichthaus

Wir können auch anders

Auf einem alten Foto der Steubenstraße, die damals noch Augusta-Victoria-Straße hieß, fährt eine Straßenbahn. Leider nur ein verkehrspolitisches Intermezzo. Straßenbahnen fuhren in Weimar von 1899 bis 1937. Die Stadtverwaltung vergab den Auftrag an den Berliner Siemens-Konzern, in dessen Eigentum die »Electrische Straßenbahn« zunächst auch verblieb, dann ging sie in städtische Hand über. Zu dem Projekt gehörte auch der Bau eines E-Werkes. Als 1937 der Weimarer Fahrbetrieb aufgegeben wurde, freute sich Jena über sehr gut erhaltene, aber nun viel billigere Straßenbahnwagen.

Die Zeugnisse dieser Etappe des öffentlichen Personennahverkehrs stehen unter Denkmalschutz und bröckeln vor sich hin. Charme des Verfalls. So etwas zieht alternative Kulturprojekte an. Als 1998 Kunstfestgeld und -begeisterung vorhanden waren, betrieben zwei Filmenthusiasten ein temporäres Kino. Auch im Kulturstadtjahr konnten sich die beiden mit anspruchsvollen Streifen in Herz und Hirn der vor allem jungen Weimarer und Studenten einschleichen.

Wer sich noch erinnert, dass im Theaterkubus im Ilmpark auch bewegte Bilder gezeigt wurden, erinnert sich an Aktivitäten der zwei Filmverrückten. Seit 2003 hat das »Lichthaus«-Kino im alten Straßenbahndepot eine relativ feste Spielstätte. Eine Kulturinsel in einem Meer von Kultur. Dass immer noch alles etwas improvisiert wirkt, hat Sinn und Methode. Hier fließt nicht der Movie-Mainstream, hier zeigen sich Freunde ihre Lieblingsfilme, Cineasten überraschen sich gegenseitig mit selten gezeigten Perlen, Kinofans wollen Filme sehen, die in den großen Kinos keine Chance haben und hier eine bekommen.

Das »Lichthaus« ist Teil des E-Werk-Kulturprojekts und gefährdet. Denn um das Areal am Kirschberg tobt der Ideenstreit mit Seitenblick auf Profit. Den Lichthäuslern und ihren Freunden reicht schon die sprichwörtliche und realitätsnahe »schwarze Null«.

Adresse Am Kirschberg 4, 99423 Weimar; www.lichthaus.info | ÖPNV Bus Linien 1, 2, 3 und 9, Haltestelle Atrium, in Fahrtrichtung weiter zu Fuß über die Kreuzung | Anfahrt Friedensstraße, vorbei am »Atrium«, geradeaus über die Kreuzung, dann Parkplatz suchen oder Parkhaus »Atrium« oder Parkhaus am Gauforum, dann laufen | Öffnungszeiten und weitere Infos auf der Homepage | Tipp Es gab auch reiche Müller: Paul Drohsinn betrieb die Vereinsmühle Am Kirschberg 36 (heute Wohnungen) und residierte gleich nebenan in seiner Villa. Ansehenswert.

73 Das Liszt-Denkmal

»Lobe es Ihnen meine Zukunft«

Die weiße Gestalt auf dem hohen Sockel ist Franz Liszt. Steht ja auch in sehr schönen Buchstaben klar dran. Liszt-Kenner rümpften anfangs die Nase, weil der berühmte Komponist und Klaviervirtuose im Leben nicht so dick war wie in Carrara-Marmor. Liszt glich eher einem elektrisierten Spaghetti. Dieser drahtige Typ versprühte Funken, wenn er ein Klavier unter die Hände bekam. Rundherum hyperventilierte die zumeist weibliche Zuhörerschaft und fiel reihenweise in Ohnmacht.

Weimar und Liszt, das war keine einfache Liaison. Wie ja die Weimarer Bürger oft ihre Probleme mit den Künstlern hatten. Man kann es aber auch positiv sehen: Man hat die Künstler aus der Stadt getrieben, um Platz für neue zu machen, zum Ruhme Weimars. Bei Liszt störte vor allem die uneheliche Ehe mit der polnischen Fürstin Carolyne zu Sayn-Wittgenstein, einer unsittlich gekleideten, Zigarren rauchenden Dame. Dabei war das Wohnhaus der beiden, die Altenburg an der Straße nach Jena, nicht der gern durchgehechelte Sündenpfuhl, kein Ort der Orgien. Es war für einige Jahre ein Zentrum des Geisteslebens in Europa! Der Takt progressiven Musiklebens wurde hier geschlagen.

Dass die Uraufführung der Wagner-Oper »Lohengrin« am 28. August 1850 in Weimar stattfinden konnte, war nicht nur eine Frage von Liszts Taktgefühl, sondern war vor allem seiner Beherztheit zu verdanken. Als Wagner 1848 nach dem preußisch-sächsisch niederkartätschten Maiaufstand aus Dresden fliehen musste, verhalf Liszt dem »schädelspaltenden Genie« Wagner – über die Thüringer Stationen Weimar, Magdala, Jena, Rudolstadt – zur Flucht in die Schweiz. Eigentlich müsste das Denkmal eine Pflicht-Pilgerstätte für alle Fans von Richard Wagner sein. Im Postamentkranz ist Platz für die Inschrift »Dem Retter Wagners«. Vielleicht bringen die Wagnerianer dem Denkmal-Liszt ein paar neue Finger mit, wenn es die Lisztigen schon nicht schaffen.

Adresse Liszt-Denkmal im Ilmpark, rechter Hand vom Liszthaus Marienstraße 17, 99423 Weimar | ÖPNV Bus Linie 1, Haltestelle Bauhaus-Universität | Anfahrt Parkhaus Beethovenplatz, von dort zu Fuß durch den Ilmpark | Tipp Wer noch einmal auf einen Kaffee oder Chai Latte in studentische Gerüche und Gefühle eintauchen will, gehe geradeaus über den Zebrastreifen am Liszthaus und nach ein paar Metern rechts in das Café M18. Anschließend bitte einen Blick auf www.orchester-m18.de werfen.

74_Das Löschhaus

Nach der Wende nur noch zwei Wände

War das Haus mal eine Feuerwache? Der Name klingt so feuerbekämpfend: Löschhaus. Nein, es ist nach einem seiner späten Hausbesitzer benannt, dem Kaufmann Wilhelm Lösch. So ein schönes altes Haus ist natürlich ein wunderbarer Untersuchungsgegenstand für Historiker und Holzforscher. Letztere fanden heraus, dass Bäume um 1514 ihr Leben lassen mussten, um Hausbalken für das Fachwerkhaus zu werden. Architektonisch interessant ist die Doppelgesichtigkeit, denn das Haus guckte von Anfang an mit einer Giebelseite in die Breitengasse (heute Marktstraße) und mit der anderen in den Steinweg (heute Kaufstraße). Wer das Gebäude ein halbes Jahrhundert nach seiner Entstehung vom Eigentümer – Waid- und Tuchhändler Nicolaus Burser – kaufen wollte, hätte mal kurz 600 Gulden dafür hinlegen müssen. Im Wettbewerb »Das Dutzend der teuersten Häuser Weimars« wäre die heutige Marktstraße 2 gut vertreten gewesen. Dabei stand es damals auf einem Mauergrundstück. Hier war Weimar zu Ende.

Goethes Privatsekretär Eckermann wohnte ab 1840 für einige Jahre hier. Erst 1919 ging der Kaufmann Lösch täglich ein und aus. Bis Mitte der 1950er Jahre hatten sich so viele Schäden am Haus angesammelt, dass man um eine Sanierung nicht herumkam. Immerhin wurde dabei das Fachwerk freigelegt. Und das Haus erstrahlte im alten Glanz.

Bis hierhin eigentlich alles ganz normal. Was macht diesen Ort hervorhebenswert? Der Mensch ist schon ein komisches Wesen: Immer schön neu und praktisch will er es haben, aber auf das Alte, meist Enge, Verwinkelte nicht verzichten. Manchmal muss ein denkmalpflegerischer Kompromiss her. Und so kam es, dass die jahrhundertelange Geschichte dieses Hauses eigentlich nur noch aus den zwei sichtbaren Außenwänden besteht. Dahinter ist so ziemlich alles neu. Viel Platz für eine Buchhandlung und einen großen Veranstaltungsraum im ersten Stock.

Adresse Marktstraße 2, 99423 Weimar | **Anfahrt** vom Goetheplatz durch die Geleitstraße in die Marktstraße | **Tipp** Von 1823 bis 1831 wohnte Johann Peter Eckermann in der Brauhausgasse 13. Goethe hat große Stücke auf ihn gehalten, er sei wegen fördernder Teilnahme ganz unschätzbar. Und selber gedichtet hat er auch.

75 Das Marie-Seebach-Stift

Ein fröhlicher letzter Hafen

Träger des Marie-Seebach-Stiftes ist die »Marie Seebach Kultur Wohnen gemeinnützige GmbH«. In der freien Marktwirtschaft wäre das älteste europäische und einzige deutsche Bühnenkünstler-Altenheim beinahe untergegangen, aber bisher haben die »Seebacher« alle Fährnisse umschifft.

Wer ist eigentlich die namensgebende Marie, deren Büste vor dem Haus steht? In einer Rigaer Künstlerfamilie geboren, schnupperte sie schon als Kind Bühnenluft. Sie ließ sich als Opernsängerin ausbilden, hatte auch Erfolge, wollte aber lieber schauspielern. Das konnte sie so gut, vor allem in tragischen Rollen, dass sie an großen Theatern engagiert wurde: Thalia Hamburg, bei Dingelstedt in München, Burgtheater Wien, bei den Meiningern. Nach unglücklicher Ehe und Scheidung lenkte sich Marie Seebach durch Gastspiele in Europa und Amerika ab. Sie gehörte zu einer ganz kleinen Schar von Miminnen, die zu Wohlstand kamen. Zuletzt war sie Ensemblemitglied des Königlichen Schauspielhauses Berlin. Sie starb 1897 in St. Moritz. Vier Jahre vorher war ihr Sohn Oscar mit nur 32 Jahren gestorben. Das Geld, das eigentlich Oscar zugedacht war, floss in die Weimarer Stiftung: ein Heim für hilfsbedürftige Bühnenkünstler. Sie leitete es bis zu ihrem Tod. Mutter und Sohn liegen in einem Ehrengrab des Landes Berlin auf dem Friedhof an der Bergmannstraße.

Zum Seniorenheim in Weimar gehört auch das Haus Seebach II in der Tiefurter Allee 37, gestiftet von Emmy Sonnemann. Die Sonnemann war einmal die meistbeschäftigte Schauspielerin am Deutschen Nationaltheater Weimar, dann heiratete sie Hermann Göring. Ihr Vater hatte ihr eingeschärft: »Werde eine gute Hausfrau und mache deinen Mann einmal glücklich.« Sie wurde Schauspielerin und »Hohe Frau« in der Nazizeit. Sie lebte bis 1973, zeitlebens unpolitisch und naiv bis zu an Alzheimer grenzender Dämlichkeit und alles verdrängend.

Adresse Tiefurter Allee 8, 99425 Weimar | **ÖPNV** Bus Linie 9, Haltestelle Tiefurter Allee | **Anfahrt** über B 7 Jenaer Straße, links in die Tiefurter Allee, dann rechts, nächste links, dann auf der rechten Seite | **Tipp** Das »Forum Seebach« organisiert öffentliche Veranstaltungen im Saal des Seebach-Stiftes. Hierher kommen große Künstler für kleines Honorar (Fragen und Kartenbestellungen: Tel. 03643/24260).

76_Mechanika da Vinci

Der Hammer mit Pfiff

Was ist mit dieser Lisa mit dem ostdeutschen Kaffeevornamen Mona? Grinst sie über das wiederkehrende Pinselweglegen ihres Porträtisten Leonardo da Vinci, der parallel zur Malerei rund 6.000 Blätter mit anatomischen Zeichnungen füllte, mit Entwürfen für Flugmaschinen und Panzer, für Gebäude und für Brücken ohne mechanische Befestigungen? Entwürfe von Maschinen, die nie realisiert wurden.

Nie? Doch, jetzt in Leutenthal. Da stehen die Maschinen, die Bewegungen umwandeln, gezeichnet von Leonardo da Vinci, gebaut von einem, der bis zur Wende sein Geld mit Modellbau verdiente: Hausmodelle für Architekten, filigrane Arbeiten, handwerklich perfekt, kleine Kunstwerke. Der Mann baute auch Modelle von historischen Dampf-Lokomobilen. Als er keine Abnehmer fand, fand er stattdessen auf einer Reise eine Anregung. Mit der Anregung ging er zum örtlichen Bürgermeister, pachtete erst ein kleines Stück, dann größere Stücke Land neben seinem Grundstück in Leutenthal. Und so entstand erst ein Open-Air-Ausstellungs-Areal für seine Modelle, dann Schritt für Schritt der kunstvolle Park »Mechanika da Vinci«.

Chemie ist das, was knallt und stinkt, Physik ist das, was nie gelingt! Alter Schülerspruch, etwas satirisch. In Leutenthal gelingt's. Kinder können hier nach Herzenslust ihrer Experimentierfreude frönen, die Maschinen ausprobieren, die Mechaniken studieren, selbst welche aus Holz bauen. Hier kann man drechseln und bohren, schnitzen und auch töpfern. Für viele Schulen der Umgebung steht das Freilichtmuseum fest im Wandertagskalender. Aber was heißt hier Museum!? Nichts ist museal, alles kann befingert und begriffen werden.

Mit seiner mobilen Drechselbank und anderen Maschinen taucht der Mechaniker-Künstler gern auf Volksfesten und in Schulen auf. Anruf genügt, das Honorar ist erschwinglich. Da kann sich jeder seinen Hammer schnitzen – mit Pfiffloch im Stiel. Kunst-Handwerk!

Adresse Unterm Dorfe 32, 99439 Leutenthal | **ÖPNV** Bus Linie 224, Haltestelle Leutenthal | **Anfahrt** Von Weimar mit dem Rad über den Lauraradweg. Mit dem Auto über Schöndorf, Wohlsborn, Sachsenhausen nach Leutenthal, dort ist der weitere Weg ausgeschildert. | **Öffnungszeiten** täglich 9–18 Uhr | **Tipp** Das Kunstprojekt Kirchberg Weiden findet immer im August ganz in der Nähe statt (www.weiden-bei-weimar.de). Initiiert und organisiert wird es von einer Mainfrankfurter Künstlerin. Wenn man das hier mal schreiben darf: Geil!

77_Das Milbenforscherhaus

Winzige Kleinigkeiten ganz groß

Wer sich in Thüringen mit Geschichten aus der Geschichte beschäftigt, stößt irgendwann ganz sicher auf die Familie derer von Vitzthum. Unter anderem hat ein Vertreter dieser Familie aus Rache mal fast die gesamte Stadt Erfurt in Schutt und Asche gelegt. Einfach angekokelt, mit verheerendem Ergebnis. Aber wie gesagt, alte Geschichten, alte Familie, vor allem Großfamilie, ein weitverzweigter, sehr verästelter Stammbaum.

Einer der etwas unbekannteren Äste ist Dr. phil. Hermann Ludwig Wilhelm Graf Vitzthum von Eckstädt. 1876 in Berlin geboren, 1942 in München verstorben. Sein Jurastudium zog sich etwas in die Länge, weil er zwischendurch große Forschungsreisen nach Nordamerika und Afrika machte, auch Europa durchstreifte er. Nach dem Assessorexamen sagte er allem Juristischen »Ade«, wollte nur noch forschen. Er suchte dann wieder etwas mehr gesellschaftliche Anbindung und fand sie ab 1908 als Kammerherr des Weimarer Großherzogs. Unser Vitzthum erwarb das Villengrundstück in der Helmholtzstraße, wo er seine Freizeit mit Rosen- und Orchideenzucht füllte. Ernst Haeckel war wohl derjenige, der Vitzthum wieder auf die Forscherlaufbahn schickte. Wobei es mehr ein Laufbähnchen war, ein mikroskopisch kleines Sträßchen, aber das ging er rauf und runter wie niemand sonst und wurde so der absolute Oberspezialist auf einem ganz speziellen biologischen Gebiet: Milbenkunde!

Es gibt 50.000 Milbenarten mit ebenso vielen unartigen Angewohnheiten. Der Herr von Vitzthum hat diese kleinen gemeinen Viecher akribisch erforscht, eine Menge über sie veröffentlicht und promoviert. Das ist eben hier nicht nur das Land der Dichter und Denker (und zwischenzeitlich auch der Richter und Henker), es ist auch mal ein Top-Standort der Milbenforschung gewesen. Heute befindet sich im Haus die Gründerwerkstatt »neudeli«, eine Abteilung der Bauhaus-Uni. Mit öffentlichen Veranstaltungen!

Adresse Helmholtzstraße 15, 99425 Weimar, www.neudeli.net | **ÖPNV** Bus Linie 1, Haltestelle Helmholtzstraße | **Anfahrt** über die Belvederer Allee stadtauswärts, fast am Ende des Ilmparks rechts in die Helmholtzstraße | **Tipp** Villengucken in der Freiherr-vom-Stein-Allee: In Nummer 4 wohnte Friedrich Lienhard (siehe Vorwort); Nummer 12 heißt Villa Sorge und ist Beweis für ein sorgloses Fabrikdirektorleben; in Nummer 15 wohnte der norwegische Maler und Kunstschulprofessor Carl Frithjof Smith; das ehemalige Café »Tusculum« war in Nummer 34 untergebracht …

78_Das Musäus-Haus

Leben inmitten von Leben, das leben will

Ach, was hatten wir mal für eine kräftig-deftige Sprache. Ein untergebener Mitarbeiter durfte Aftergenosse genannt werden, der Taschendieb hieß Beutelschneider, Spitzname hieß viel klarer Ekelname. Wer beim Wein saß und schwatzte, der kannegießerte. Angeber waren Windbeutel, die Tante war Muhme und ein junges Mädchen eine Dirne.

Der Mann, der diese Wörter noch in seinen »Volksmärchen der Deutschen« verwendete, hieß Johann Karl August Musäus. Der hatte Theologie studiert, aber wegen gewisser unkirchlicher Verfehlungen gab's für ihn keine Pfarrstelle: Er tanzte auf der Kirchweih und vergnügte sich gastronomisch. Teufel auch!

So warf sich Musäus auf weltliche Studien und wurde Schriftsteller. Sein erfolgreichstes Werk war die Märchensammlung, wobei er, wie später auch die Gebrüder Grimm, die Märchen in seinem Sinne bearbeitete. Im Nachruf auf Musäus schrieb Bertuch: »Die Hauptzüge seines Charakters waren: eine nie getrübte Heiterkeit, der Spiegel seiner reinen Seele, herzliche Gutmütigkeit, Dienstfertigkeit gegen jedermann und eine grenzenlose Bescheidenheit.«

Fast wörtlich könnte man das auch über Albert Schweitzer sagen, dessen Erbe heute im Haus am Kegelplatz gepflegt und wachgehalten wird. Was weiß man noch über den Mann, den Bach- und Goethekenner, den Spitzenorganisten, Pazifisten, Theologen und Urwalddoktor, der ein mitfühlender Dickkopf war und eine so große Ehrfurcht vor dem Leben hatte? 2013 feierte man in Lambarene 100 Jahre Urwald-Hospital. Auch heute unterstützt der Albert-Schweitzer-Komitee e. V. das Krankenhaus im afrikanischen Gabun.

Wer den Weg zu Schweitzers Erben in Weimar findet, findet vielleicht auch einen Weg, sich selbst zu ändern. Obwohl: Hier ist noch kein Bundeswehrsoldat gewesen, der das Haus als Pazifist verlassen hätte. Wie sagte Albert Schweitzer: »Man wird ja auch kein Auto, wenn man in eine Garage geht.«

Adresse Albert-Schweitzer-Gedenk-und-Begegnungsstätte, Kegelplatz 4, 99423 Weimar, www.albert-schweitzer-weimar.de | **ÖPNV** bis Goetheplatz, zu Fuß weiter über Graben und Gerberstraße zum Kegelplatz | **Anfahrt** von der Friedensstraße (B 7) in die Hans-Wahl-Straße, über die Kegelbrücke bis Kegelplatz, dort Parkplatz suchen | **Öffnungszeiten** Nov.–April Mo–Fr 11–16 Uhr; Mai.–Okt. 11–17 Uhr; am Wochenende nach Vereinbarung, Tel. 03643/202739 | **Tipp** Auf dem Kegelplatz steht das 1968 eingeweihte Denkmal für Albert Schweitzer, weltweit war es das erste. Ein Auftragswerk der damaligen Blockpartei CDU.

79_Das Nietzsche-Archiv und die Nietzsche-Feierhalle

Ein offener und ein verschlossener Ort

Was ist das, was einen von diesem Ort fernhält? Nietzsches geistige Nähe zum Faschismus oder einfach nur diese intellektuelle Arroganz, die über Menschen hinwegsieht? Vielleicht sollte man das Nietzsche-Archiv einfach mit einem ganz anderen Ziel betreten, als sich vor einem Geistesriesen verbeugen zu müssen. Beugen ist zunächst gut, aber nur, um genauer hinzusehen, vom Fußboden bis hoch zur Decke, welche handwerklichen Spitzenleistungen hier vollbracht wurden.

Zählen wir sie auf, zunächst die Weimarer Macher: die Kunsttischler der Hofmöbelfabrik Scheidemantel (siehe Seite 180), der Bildhauer und Modelleur Gustav Sachse, die Mitarbeiter der Ofen- und Tonwarenfabrik J. F. Schmidt und die Pianoforte-Fabrik Römhildt. Dazu aus Berka der Hofkunstschlosser Otto Bergner, die Töpfer Reinhold Hanke aus Höhr-Grenzhausen und Carl Gebauer aus Bürgel, die kunstgewerblichen Metallarbeiter des Berliner Ateliers Walter Elkan. Das waren Künstler in ihrem Gewerbe, eben Kunsthandwerker.

In der Nietzsche-Feierhalle nebenan wurde nie gefeiert, jedenfalls nicht Friedrich Nietzsche. Die Nietzsche-Schwester und selbst ernannte Nachlassverwalterin Elisabeth Förster-Nietzsche pumpte Hitler an, um endlich einen großen Gedenkort für den Denker zu schaffen. Architekt Paul Schultze-Naumburg entwarf die Feierhalle mit Wandelgang und großem Saal, aber 1940 stockten die Bauarbeiten. Nach dem Krieg zogen die neue Zeit und Rundfunkredakteure, Techniker, Tonmeister und Synchronregisseure hier ein. Der große Saal war ein akustisches Wunder. Hier wurde viel Musik produziert. Das DEFA-Synchronstudio lockte über Jahre die Schauspieler aus Weimar und Erfurt zur Sprech-Mugge. Heute ist das Haus ausgeschlachtet und einfach zu. Der Eigentümer scheint ungreifbar weit weg zu sein.

Adresse Humboldtstraße 36 und 36a, 99425 Weimar | **ÖPNV** Bus Linie 6, Haltestelle Hufelandstraße | **Anfahrt** Humboldtstraße stadtauswärts, vorbei am »Felsenkeller«, dann rechts | **Öffnungszeiten** Nietzsche-Archiv: Di–So 11–17 Uhr | **Tipp** Den »Felsenkeller« kennt man wie vorher das Erfurter »Anger-Maier«, wenn man im MDR–TV »Unter uns« sieht. Das Weimarer Haus ist allerdings ein Coudray-Gebäude. 150 Sitzplätze, gute Thüringer Küche und frisches Deinhardt-Bräu. Täglich geöffnet, außer montags.

80 Die Ordensburg Liebstedt

»Hände weg von unserer Burg«

Liebstedt klingt so lieb. Von wegen! Wenn Plüschfledermaus Flederik die Vampirzähne bleckt, sieht das zwar noch nicht sehr gefährlich aus, aber man sollte sich nicht täuschen lassen, denn hinter dem Maskottchen stehen die recht bissige Ordensburg-Gilde und die nicht minder streitbare Gemeinde Liebstedt.

Vor den Mauern wehen die Fahnen Thüringens und einer nahe gelegenen Brauerei, die in der Tradition der Herren von Liebstedt ein exklusives Bier braut, das nur hier verkauft wird. Leben und trinken lassen. Man hätte durchaus auch das Wappen derer von Liebstedt nutzen können, einen schwarzen Kampfhahn, den Schnabel aufgerissen, Zehen und Sporn angriffsbereit vorgestreckt.

Die Burg war ab 1331 knapp ein halbes Jahrtausend in der Hand des Deutschen Ordens und ist heute dessen einzige komplett erhaltene Kreuzritterburg in Thüringen. Die Schwarzkreuzritter verstanden etwas von Verteidigung und legten in Liebstedt ein dreifaches Graben-Wallsystem an, in das damals der Ort mit einbezogen war. Bei Umbauten im 14. und 15. Jahrhundert nutzten die Ordensbrüder erstmals norddeutsches Bau-Know-how und ließen Ziegelsteine vermauern.

Die Burg ist eine Durchgangsburg. Sie liegt mitten auf der mittelalterlichen Kupferstraße, die Hamburg mit Venedig verband. So was von gut erhalten steht sie da, einzigartig in Mitteleuropa. Hier ist immer was los: Back- und Wurschtfest (wie in Teilen Thüringens das Wort »Wurst« ausgesprochen wird), Mittelalterspektakel, Gautsch- und Hochzeitsfeste (bei beiden muss man in kaltes Wasser springen, in einem Fall wirklich), Burgführungen, Schulklassen schneidern sich Kleider fürs Mittelalterfest, es gibt Zinnfigurentage und Ritterburg-Modellbautage, Kaisermanöver, Burgundertage, österliche Hoffeste …

Und das steht alles auf der Kippe, weil ein Herr von der Lippe (nicht der lustige) die Burg haben will.

Adresse Berggasse 95, 99510 Liebstedt, info@ordensburg-liebstedt.de | ÖPNV Bus Linie 228, Haltestelle Liebstedt | Anfahrt B 85 bis Großobringen, dort Richtung Sachsenhausen, Liebstedt | Öffnungszeiten April–Okt. Sa, So 12–17 Uhr; Burgbesuch ansonsten vorab vereinbaren: Tel. 036462/30900 oder per Mail | Tipp Camposanto im circa 11 Kilometer entfernten Buttstädt: Der alte Friedhof gehört zu den wenigen erhaltenen Friedhofsanlagen der Renaissance in Mitteldeutschland, mit einem von Arkaden gesäumten Gräberfeld. Zum Verweilen, stationär und ambulant.

81__Die Parkhöhle

Weimar unter Tage

Unter allen Wipfeln ist Tun, in allen Gärten niemals Ruh'n. So hätte der Dichterfürst für seine Großfürstin dichten sollen, denn Maria Pawlowna wollte das ganze Land zu einem Park umgestalten. Darum ist Weimar auch so grün, dank fürstlich alimentierter Gartenkunst und dank visionärer Landschaftsgärtner wie dem hyperaktiven Pückler und dem fleißigen Petzold.

Wie vielfältig und schön ist der Ilmpark, wenn das Flüsschen nicht gerade Hochwasser führt und seinem baltisch-keltischen Namensursprung entspricht: Ilm soll von Elmes kommen, der Flüssigkeit, die Leichen aus dem Mund kommt. Na, dann lieber der althochdeutsche Erklärungsansatz: Ilm kommt von den Ilmen am Ufer, den Ulmen. An erstere Erklärung darf man ein wenig denken, wenn man sich in der Nähe des Liszthauses circa zwölf Meter in den Ilmpark-Untergrund begibt, in das unterirdische Stollensystem, genannt Parkhöhle. Zugegeben, es gibt schönere Höhlen in Thüringen – Feengrotten und Marienglashöhle zum Beispiel –, aber die wurden auch nicht angelegt, um Abwasser einer Brauerei zu entsorgen. Carl August wünschte sich nämlich großherzoglichen Gerstensaft. Wurde aber nichts draus, nur der Stollen war schon gegraben. Fürderhin wurden Kies und Sand abgebaut. Fossilienbuddler wandelten auf den Spuren Goethes und seines Sohnes August. Geheimrat G., vom Sammelfieber infiziert, grub aus, tauschte und kaufte mehr als 18.000 mineralogische, paläontologische und geologische Stücke, darunter über 700 Fossilien.

Im Zweiten Weltkrieg wurde ein Teil der Parkhöhle als Bunker ausgebaut. Dieser Teil wird heute als Museum genutzt. Bevor dieses 1999 öffnete, musste das teilweise verfüllte und einsturzgefährdete Stollensystem aufwendig saniert werden. Das erklärt vielleicht auch den Preis für den Eintritt in die Parkhöhle.

Abwärts geht's! Also manchmal ist Weimar schon ein bisschen unterirdisch.

Adresse Marienstraße, 99423 Weimar, Eingang im Ilmpark neben der Bauhausuni-Mensa | **ÖPNV** Bus Linie 1, Haltestelle Bauhaus-Universität | **Anfahrt** Auto abstellen im Parkhaus Beethovenplatz und zu Fuß auf der Marienstraße bis Liszthaus, dort in den Ilmpark | **Öffnungszeiten** können abweichen, zumeist Di–So 10–12 und 13–18 Uhr | **Tipp** Wer sich lieber unter freiem Himmel aufhält, findet in der Tourist-Information am Markt einen Flyer mit Tipps für alle beleg- und bespielbaren Wiesen in Weimar, Grillplätze, Lagerfeuer und sonstige Sommer- und Winterfreuden.

82 Die Pavillon-Presse

Das Druckgrafische Museum

Als der Musiksender MTV sein Programm startete, lief als erster Song, als erstes Video, der Buggles-Song »Video killed the radio star«. Eine Umbruchsituation auf den Punkt gebracht. Solche Umbrüche sind nicht selten. Die Erfindung des Buchdruckes machte die Mönche arbeitslos, die bisher auf das Kopieren von Büchern spezialisiert waren, jahrhundertelang die einzige Möglichkeit des Vervielfältigens und Weiterreichens von notiertem menschlichem Denken. Seit 2011 werden in Deutschland offiziell keine Drucker-Lehrlinge mehr ausgebildet, sondern »Medientechnologen Druck«. Der computergestützte Druck hat den Handsatz verdrängt. Nur der Geruch der Druckfarben ist noch sehr ähnlich.

Fast 140 Verlage gab es einst in Weimar. Die Druckmaschinen standen eigentlich nie still. Daran erinnert die »Pavillon-Presse – Druckgrafisches Museum Weimar«, zu finden hinter dem »mon ami«, gegenüber dem Stadtarchiv. Aber das ist kein museales Museum, sondern eine lebendige Druckerei für Bild- und Buchdruck. Drei Stockwerke, zahlreiche Räume, gerettete Druckmaschinen, Setzkästen – gefüllt jedoch mit Lettern, nicht mit bunten Kinkerlitzchen. Dazu hütet der Verein des Museums Grafiken und Bücher. Man kann hier selbst setzen und drucken, dieses alte, aussterbende Handwerk nachfühlen. Das ist ein tolles Erlebnis, immer wieder. – Übrigens im einzigen montags geöffneten Weimarer Museum.

Der Trägerverein war ein Teil der DDR-Bürgerbewegung, Menschen, die den materiellen Verfall des Quartiers in Goetheplatznähe aufhalten wollten. 1992 eröffneten sie das Museum, um drei Kulturtechniken zu pflegen: Schreiben, Lesen, Drucken. Keine Selbstverständlichkeiten. Es sind schon ganz andere Kulturtechniken verloren gegangen.

Übrigens war »Video killed the radio star« ein One-Hit-Wonder. Täglich gab es seitdem Neues im Musikbusiness und beim technischen Fortschritt. Auch diese Revolution fraß ihre Kinder.

Adresse Scherfgasse 5, 99423 Weimar | **ÖPNV** mit einem der Busse bis Goetheplatz, zwischen Kasseturm und »mon ami« durchgehen zur Kleinen Teichgasse | **Anfahrt** wenn schon mit dem Auto, dann Parkversuch am Teichplatz oder in der Nähe, zu Fuß über Kleine Teichgasse in die Scherfgasse | **Öffnungszeiten** Mo 10–17 Uhr, Fr 9–16 Uhr sowie nach Absprache: Tel. 03643/53544 | **Tipp** Der Kasseturm am Goetheplatz heißt Kasse-Turm, weil hier mal eine herzogliche Finanzbehörde Hausherr war. Seit Jahrzehnten ist er einer der bekanntesten Studentenclubs im deutschen Osten.

83 Das Rittergut München

München liegt in Thüringen

Aber freilich liegt's da, sogar mit Oktoberfest. Zünftig geht's zu, wenn auch der in unserem München gesprochene thüringische Dialekt in bayrischen Ohren, nun ja, sächsisch klingt. Aber sonst: Wozu braucht's die Theresienwiese, wenn man den heimeligen Innenhof eines alten Rittergutes hat. Nach drei, vier Maß in die Büsche urinieren oder auf Rückwärtsgang schalten, das kann man hier auch. Ganz früher war das mal eine Außenstelle des Erfurter Petersklosters. Die Mönche hatten Wald gerodet, beackerten einige Hektar und mästeten Schweine. Der stinkende Teil der Nahrungskette war also aufs Land ausgelagert, die duftenden Koteletts verspeiste man gern in der Stadt. Damals!

Wie wichtig die Schweine-Mönche waren, zeigte sich, als sie 1248 von München nach Bad Berka umzogen: Das Dorf mit dem bayrischen Namen verschwand. Wüstung nennt es der Fachmann. Erst 400 Jahre später kam wieder etwas Leben in den Wald, als die Weimarer Fürstenfamilie ein Forsthaus errichten ließ. Der Bau eines Schlösschens wurde begonnen und schnell wieder aufgegeben, Abbruchsteine und Figurenschmuck nach Belvedere und zur Fasanerie gebracht. In der Folgezeit wurde das Gut zeitweilig als Ackerbauschule und dann als ein Versorgungszentrum für die Patienten der Lungenheilanstalt genutzt.

Seit 2007 wird das Rittergut München privat betrieben. Zwar nicht von Rittern oder deren Nachkommen, aber von sehr ritterlich denkenden Menschen. Die haben nicht nur das Gut in vielfältiger Weise belebt – Museum, Gaststätte, Imbiss, Hofladen, Streichelzoo mit Alpakas, Waliser Schwarznasenschafen, Minischweinen, Kaninchen und Hunden –, sie haben auch einen Kinderhilfsverein gegründet, unter anderem mit sehr guten Beziehungen zum Albert-Schweitzer-Kinderdorf in Erfurt. In unmittelbarer Nähe des Rittergutes leben Mufflons und Damwild. Die lassen sich aber nicht so freiwillig streicheln wie die Alpakas.

Adresse Tonndorfer Straße 3, 99438 Bad Berka-München, Tel. 036458/47748 | **ÖPNV** Tagsüber fährt alle Stunde ein Zug. Mit Bus Linie 221 nach Bad Berka, dort in die Linie 232 umsteigen, Haltestelle München. | **Anfahrt** von Weimar auf der B 85, in Bad Berka auf die B 87 wechseln | **Öffnungszeiten** Hofladen: Di – Sa 10 – 18 Uhr, So und feiertags 12 – 17 Uhr; Streichelzoo/Imbiss: Di – So und an Feiertagen 10 – 18 Uhr | **Tipp** Wenn Sie weiter auf der B 87 nach Kranichfeld fahren, können Sie das Baumbachhaus und den »Leckarsch« am Oberschloss sowie die Niederburg mit Freilichtbühne und Falknerei besichtigen.

84 Russisch-orthodoxe Kirche

Von Sachsen lernen heißt »siechen« lernen

Laut einer Sage haben unsere thüringischen Vorfahren mit einer sächsischen Kriegsreisegruppe ein Tauschgeschäft vollzogen: Sachsen-Raubgold gegen einen Sack hiesiger Erde. Die eine Völkergruppe hat über die Dummheit der jeweils anderen sehr gelacht. Die »glefferen« Sachsen verteilten die Erde weiträumig und hauten fortan alles von ihrer Immobilie runter, was nicht sächsisch war. Auch die aus Mainfranken eingereisten Ludowinger sollen Erde mitgebracht und auf dem Berg bei Eisenach ausgebreitet haben, um auf ihrem eigenen Grund und Boden die Wartburg zu errichten. Schöne Märchen, um die wirklichen Vorgänge zu vertuschen!

Wirklich märchenhaft glitzern und glänzen die goldenen Dächer der russisch-orthodoxen Kirche durch das beruhigende Grün der Bäume. Auch der »Historische Friedhof« ist ein Park voller Chlorophyll und frischer Luft, ein Ort der Ruhe und Erholung. Direkt hinter der Fürstengruft beginnt ein kleines Stückchen Russland, geboren aus einer Zwickmühle.

Da im Körper der Regentin von Sachsen-Weimar-Eisenach, Maria Pawlowna, russisches Zarenblut zirkulierte, sah das Protokoll vor, dass sie unausweichlich in Russland begraben werden müsse. Und so holte man eben ein Stück Russland, Erde, abgetragen vor den Toren von Sankt Petersburg, nach Deutschland. Nicht auf Sand also, wie die Grabmale der Pharaonen, sondern auf Heimaterde wurde die Grabkapelle für die Fürstin gebaut und im November 1862 auf den Namen Maria-Magdalena geweiht. Die hohe Dame ruht unmittelbar an der unterirdischen Verbindung zur Fürstengruft. Auch das sehr symbolisch. Es gab schon früher viele russisch-deutsche Verbindungen, und durch die flossen weder Gas noch Öl.

Heute ist die russisch-orthodoxe Kirche Mittelpunkt des religiösen Lebens der rund 1.000 Gläubigen in Thüringen. Ein Inselchen des orthodoxen Christentums inmitten des langsam austrocknenden protestantischen Ozeans.

Adresse Historischer Friedhof, Am Poseckschen Garten, 99423 Weimar | ÖPNV Bus Linien 5 und 8, Haltestelle Karl-Haußknecht-Straße | Anfahrt Trierer Straße (Stadtring B 85), Am Poseckschen Garten, rechts in die Karl-Haußknecht-Straße | Tipp Walter Gropius' »Der Blitz« auf dem Neuen Friedhof ist ein Denkmal für die Opfer des Kapp-Putsches, das von den Nazis zerstört, nach dem Krieg aber wiederaufgebaut wurde.

85 Die Sauckel-Villa

Hitlers Bluthund auf Thüringer Boden

Sauckel liegt klanglich ganz nahe bei Saukerl. Und er war einer, der NSDAP-Gauleiter von Thüringen, einer von denen, die sich gern selbst die Hände schmutzig machten. Fritz biss sich bis an die Spitze der Faschisten in Thüringen und machte das »Grüne Herz Deutschlands« zum Super-Gau.

Weimar, einst Ort freien Denkens und der Toleranz, wurde zur Hauptstadt der braunen Bewegung in Thüringen. Hier gab es die erste Landesregierung mit NSDAP-Beteiligung. Die SPD-Landtagsmandate wurden getilgt, reihenweise flogen sozialdemokratische Mitarbeiter aus den Ämtern. Im August 1932 wählte sich Thüringen braun und ermöglichte so der Hitler-Partei, was Sauckel-Kreise gern »vorgezogene Machtergreifung« nannten. Der Musterknabe wurde nun Muster-Gauleiter, Weimars Stadtbild brutal zerstört, das Gauforum gebaut und das neue Hotel »Elephant« und das »Dienstwohngebäude des Reichsstatthalters« in der Windmühlenstraße: die Villa Sauckel. Von dort aus organisierte Fritz Sauckel Bau und Betrieb des Konzentrationslagers Buchenwald, das bald so viele Häftlinge hatte wie Weimar Einwohner. Die politischen Mitbewerber wurden als Gegner inhaftiert und – wie zum Beispiel Ernst Thälmann – umgebracht.

1942 war Sauckel ganz oben angekommen im inneren Zirkel der braunen Bastarde. Als »Generalbevollmächtigter für den Arbeitseinsatz« ließ er Millionen ausländische Zwangsarbeiter rekrutieren, die für Führer und Vaterland schuften mussten. Der US-Hauptankläger bei den Nürnberger Prozessen nannte ihn deshalb »den größten und grausamsten Sklavenhalter seit den ägyptischen Pharaonen«. Von den Großen, die auf der Nürnberger Anklagebank saßen, war er ein Kleiner und wurde gehenkt. Die Villa mit der unseligen Geschichte hat eine ruhige, sachliche Gegenwart: Verwaltungsschule der Bundesarbeitsagentur, umgeben von einem Garten mit Kunst, die sich fein fernhält von allem Inhaltlichen.

Adresse Windmühlenstraße 19/21, 99425 Weimar | **ÖPNV** Bus Linie 6, Haltestelle Hufelandstraße, durch dieselbe zu Fuß bis zum Straßenende, dann nach rechts zur Windmühlenstraße | **Anfahrt** vom Goetheplatz über Heinrich-Heine-Straße, Gropiusstraße, Steubenstraße, Humboldtstraße rechts in die Windmühlenstraße | **Tipp** Der Kindergarten »An der Windmühle«, Windmühlenstraße 15, befindet sich im ehemaligen Haus August Hermann Selves, Direktor der Munitionsfabrik Selve-Kronbiegel Dornheim AG Sömmerda. Sozusagen pazifistische Nachnutzung.

86_Scheidemantels Möbelfabrik

Auf Holz klopfen und Paris erobern

Kurz bevor die mathematisch nicht ganz sattelfeste Menschheit den vorigen Jahrtausendwechsel feierte, gab es in der Weimarer Familie Scheidemantel einen ganz anderen großen Feiergrund. Nach Plänen des Architekten Rudolf Zapfe (siehe Seite 224) entstanden 1899 am damaligen Rande der Stadt Villa und Fabrik des Hofkunsttischlers Friedrich Scheidemantel. Friedrich ließ allerdings seinen Großvater und Firmenseniorchef Hermann im ersten Stock der Villa wohnen, sozusagen mit permanentem Adlerblick auf das Fabrikgeschehen. Holzauge, sei wachsam! Vom Erdgeschoss der Villa in der Brucknerstraße hatten Firmenangestellte einen extrem kurzen Weg zur Arbeit. In der Schillerstraße 14, wo Chef Friedrich samt Familie wohnte, standen verkaufsfertige Möbel im Musterzimmer.

Und nun kommt der Alleskünstler Henry van de Velde ins Spiel. Der suchte nämlich einen First-Class-Möbeltischler, der seine ungewöhnlichen Entwürfe in reale Möbel umsetzen konnte. Friedrich konnte das auf eine geradezu geniale kunsthandwerkliche Weise. Ihm zur Seite sein nicht minder talentiertes Tischler-Team. Fast alle Möbel, die van de Velde in seiner Weimarer Zeit entwarf, sind durch Friedrich Scheidemantels Hände gegangen. Als hingebungsvoll und gewissenhaft hat van de Velde ihn charakterisiert. Wer heute das Nietzsche-Archiv betritt, sieht an Möbeln und Holzarbeiten, was Scheidemantel und seine Tischler für Künstler waren. Für so viel Können gab's auch Große Staatsmedaillen, mehr Orden ging für Tischler nicht.

1905 zauberten Scheidemantels Schreiner mit anderen Kunsthandwerkern aus Thüringen die gesamte Inneneinrichtung der luxuriösen Pariser Wohnung des Ehepaars Golubeff. Unter sich nannten die Thüringer ihre Arbeit »Eroberung von Paris«. Wären doch nur alle deutschen Eroberungen in Frankreich mit Thüringer Friedlichkeit vollzogen worden. Die Möbelfabrik in Weimar ist heute bewohnt.

Adresse Schwanseestraße 41, 99423 Weimar | **ÖPNV** Bus Linien 5 und 8, Haltestelle Hermann-Brill-Platz (Schwanseebad) | **Anfahrt** Schwanseestraße stadtauswärts, an der Kreuzung Fuldaer Straße nach links, Parkplatz suchen | **Tipp** Wenn man an der Ex-Möbelfabrik links auf den Stadtring bis in die Trierer Straße geht, findet man in Nummer 7 die Kneipe »Zum Falken«: Raucher- und Blues-Flair, als wäre die Zeit vor 40 Jahren stehen geblieben. Für Hartgesottene!

87_Das Schießhaus

Granat-Apfel-Konzerte und mehr

Klingt sehr martialisch: Schießhaus. War aber von Anfang an ein großes Vergnügungshaus für Feierlichkeiten wie Bälle, Konzerte und Glücksspiele. Der Büchsenschützen-Gesellschaft gehörten ein paar Räume. Am und im Schießhaus fand das Vogelschießen-Volksfest statt. Goethe, der den Bau angeregt hatte, sagte »Lustgebäude« dazu.

Der Schießhaus-Architekt Johann Heinrich Gentz fuhr erst einmal für ein paar Jahre nach Italien, um sich inspirieren zu lassen. Die »älteren Geschwister« des Weimarer Klassizismus-Baues stehen im Brenta-Tal des Veneto. Auch dort haben die Gebäude diesen halbkreisförmigen Grundriss. Ankommende Besucher dürfen sich umarmt fühlen, einbezogen in das, was das Haus so zu bieten hat. Wer mit aktuell angesagten Philosophen schon einmal über Lebenskunst nachgedacht hat, wird hier die realen Möglichkeiten dazu finden. Kunst und Lebenskunst gehen im Schießhaus eine wunderbare Verbindung ein. Musik und Kulinarisches. Öffentlich oder privat oder für Firmen. Zu Goethes Zeiten sagte man noch nicht »Ambiente«, aber es ist ein beseligendes.

Dass das Schießhaus keinem windigen Investor in die Hand fiel, sondern von einem seriösen Weimarer gekauft wurde, ist eine Geschichte mit Happy End, die 1978 begann. Damals legte der heutige Besitzer als Elektrikerlehrling hier Leitungen. Das Haus ging dem Mann nie mehr aus dem Kopf, und so setzte er sich in denselben, dass er es retten wolle. 2010 schrieb die Thüringer Landesentwicklungsgesellschaft Gebäude und Umland aus. Der Lehrling war mittlerweile Geschäftsführer eines Großhandelsunternehmens und in der Lage, den Traum schrittweise zu realisieren. Fester Bestandteil des Veranstaltungsplanes sind Krimi- und Märchendinner. Und vor allem Konzerte des Institutes für Alte Musik der Franz-Liszt-Hochschule unter dem Zeichen des Granatapfels, seit der Antike Symbol für Schönheit, Reichtum und Fruchtbarkeit.

Adresse Am Schießhaus 1, 99425 Weimar, www.schiesshaus-weimar.de | **ÖPNV** Bus Linie 9, Haltestelle Tiefurter Allee, dann zu Fuß | **Anfahrt** stadtauswärts Friedensstraße (B 7), links in die Tiefurter Allee, geradeaus in die Straße Am Schießhaus | **Öffnungszeiten** zu den Veranstaltungen, siehe Homepage | **Tipp** Es gibt noch das alte, kleine Weimarer Schießhaus, kaum einer kennt oder erkennt es, denn es ist das Gärtnerhaus neben dem Liszthaus. Die Gartenanlage »Am Schießhaus« war 1899 die erste Weimarer Schreber gartenanlage, es gab sogar mal ein Schwimmbecken.

88 Das Schirmmuseum

Mit Schirm und Charme, aber ohne Melone

Der Schirm heißt Schirm, weil er uns beschirmt. Und weil er Menschen sicher zurück zur Erdoberfläche verhilft – als Fallschirm, Gleitschirm und Bremsschirm. Damit hat sich's aber noch nicht ausgeschirmt. Denn es gibt ja noch den Lampenschirm, Schirm nennt der Forstwirt alle Baumkronen seines Waldes zusammen, es gibt den Wiesbadener Landschaftsmaler Carl Coven Schirm, und ohne Bildschirm wären wir gar nicht mehr lebensfähig.

Schirmherrin ist ein seltsam altbackenes Wort für hochaktuelle Helferinnen. Meistens meint man aber mit Schirm einfach eine aufklappbare Schutzschicht gegen Wasser von oben. Und was ist mit dem Sonnenschirm und dem Windschirm für den Ostseestrand? Und in der Fischverkäuferin Fischirma steckt auch ein Schirm drin. Kleiner Scherz.

Die erste und einzige Dame des Hauses in der Rittergasse ist eine der Letzten ihrer Zunft. Sie ist Schirmmacherin. Eine Meisterin ihres aussterbenden Faches. Als Beruf kann man das hierzulande nicht mehr lernen. Wer es unbedingt will, muss nach China, wo heutzutage die meisten Schirme herkommen. Schnell und billig gefertigt, in Europa preiswert verkauft. Die meisten Schirme könnten von China direkt in die Fundbüros geliefert werden.

Wer einen ganz persönlichen Schirm haben möchte, der muss etwas Geld und drei bis vier Wochen Geduld aufbringen. Die Schirmmacherin kann so ziemlich jeden Wunsch erfüllen. Hier gibt es zum Beispiel Wanderstockschirme, auf denen sich der müde Wanderer ausruhen kann – einfach in den Boden stecken, Schirmgriff auseinanderklappen, draufsetzen.

Im ersten Stock befindet sich – Eintritt frei, Führung auf Wunsch – das Schirmmuseum. Historische Schirme aus drei Jahrhunderten, Regenschirme, Sonnenschirme. Da erfährt man zum Beispiel, warum sich der Schirm erst spät in Europa durchgesetzt hat. Schuld ist die Kirche. Weltliche Erklärungen in der Rittergasse.

Adresse Rittergasse 19, 99423 Weimar | **ÖPNV** Stadtbus Haltestelle Goetheplatz, von dort zu Fuß durch die Geleitstraße, rechts Böttchergasse, am Ende rechts und gleich wieder links | **Anfahrt** in der Innenstadt Parkplatz suchen und laufen, in Weimars Zentrum sind die Wege nicht weit. | **Öffnungszeiten** Mo–Fr 9–18 Uhr, Sa 10–14 Uhr sowie nach tel. Vereinbarung: 03643/903363 | **Tipp** 1872 wurde die Großherzogliche Orchesterschule gegründet, die 1874 in das ehemalige Klostergebäude Am Palais zog, sozusagen die Urzelle der heutigen Musikhochschule. Veranstaltungen findet man auf der Homepage.

89_Das Schlaglochdenkmal

Die andere Psychologie der Löcher

Wollte man tief liegende Abneigungen zwischen Weimarern und Landeshauptstädtern manifestieren, müsste am Ostrand des Dorfes Niederzimmern die Demarkationslinie gezogen werden. Hier war mal Erfurts östlichste Grenze. Heute ist das Weimarer Land.

Der Ortsname erklärt sich dem Auto- oder Radfahrer sofort: Von Weimar kommt man ins Tal der Gramme nieder. Dort liegt Zimmer an Zimmer.

Und was macht Niederzimmern so bemerkenswert? Dass Schwedenkönig Gustav Adolf hier mal gebetet hat? Dass einer aus der Bachfamilie hier mal Kantor war? Oder dass es einen Holzschnitt von Lyonel Feininger gibt, auf dem die Wigbertikirche zu erkennen ist? Alles Schnee von gestern.

Heute steht – wenn man von Erfurt-Vieselbach kommt – am Ortseingang eine Art Grabstein mit vielen kleinen, kreisrunden Plaketten an der Front und obendrauf ein, äh, Gebilde. Hier sieht man die steingewordene Erinnerung an eine Bürgermeisteridee, die das Dorf in die internationalen Medien katapultierte. Anfang 2010 waren die Schlaglöcher auf der Straße durch den Ort tief, das Dorfsäckl leer und guter Rat teuer. Und so verfiel man auf die Idee, die Löcher zu verkaufen. Was wie ein Schildastreich klingt, entpuppte sich als clever. Bertolt Brecht hätte vielleicht gedichtet: »Und so ehrten sie den Bürgermeister, indem sie sich nützten, und trugen die Löcher zu Grabe.« Ein Musiker aus dem Ort komponierte flugs eine Schlaglochhymne. Das war dann die Begleitmusik zur Straßenlochfüllaktion.

Einzelpersonen, Firmen sowie Radio- und Fernsehstationen aus Deutschland und der Welt finanzierten »Teer muss her«. Sogar aus Australien kam Geld. Alle haben nun auf dem Schlaglochdenkmal ihre Namensplakette. Manche bekamen ein Schlagloch zum Geburtstag oder als Liebeserklärung. Und obendrauf auf dem Stein thront dieses nun erklärbare Etwas: ein kunstvoll in Metall gegossenes Schlagloch für die Ewigkeit.

Adresse Ortseingang, Vieselbacher Straße, 99428 Niederzimmern | **ÖPNV** Bus Linie 225, Haltestelle Auf dem Zieche, Niederzimmern | **Anfahrt** von Weimar kommend über Gaberndorf, Ottstedt bis Ortsausgang Niederzimmern | **Tipp** Die Talsperre Hopfgarten ist ein landwirtschaftlicher Speicher und dient zur Bewässerung intensiv betriebener Landwirtschaft. Aufgestaut wird mit einem 15 Meter hohen Erddamm die Gramme. Fische freut's.

90_Schloss Ettersburg

Ein exklusiver Ort auch für Normalos

Was für ein Blick, wenn man vom Schloss Richtung Süden schaut. Mit einigen Axtschlägen ließ hier der Gartenfürst Pückler 1845/46 die Landschaft öffnen. Man hat ihn damals gehasst deswegen. Aber heute: Ein geschwungener Weg führt hinunter zum Jagdstern, eine Art Kreisverkehr für Waldläufer.

Einer der vielen Wege dort führt weiter zum Ort des Grauens: Buchenwald. Das ist die Zeitschneise, die beschauliches Schlossleben mit Massenmord verbindet. Diese Verbindung ist in Weimar und Umgebung immer existent. So etwas verschwindet nicht in den Nebeln der Vergangenheit.

Schloss Ettersburg ist ein Musensitz. Märchenfilmreif schon der überdachte Eingang der Klosterkirche. Hier tagt die Ministerpräsidentin, hier lesen prominenteste Prominente der Literaturszene zum Pfingstfestival, Spitzenschauspieler treten auf, hervorragende Klassiksänger, hier spielten Johann Sebastian Bach und Clueso. Hochkarätige Denker dachten und denken hier öffentlich. Hier spielte Goethe höchstpersönlich in der Uraufführung seiner »Iphigenie auf Tauris« den Orest. Wieland, Herder, Bertuch diskutierten mit Anna Amalia, Liszt, Andersen und Geibel mit Prinzessin Sophie. Schiller schrieb hier die letzten Szenen von »Maria Stuart«. Das Schloss war schon immer ein Kreativort mit starker Ausstrahlung, manchmal »fern vom Erdgetümmel«, wie Wieland schrieb.

Ein junger Weimarer Pianist und Liszt-Preisträger erfand für diesen Ort den »Lyrischen Salon«. Deutschlandweit als professioneller Begleiter von Liederabenden unterwegs, stellte er fest, dass so etwas in seiner Heimatstadt Weimar fehlte, und organisiert seit 2011 in privater Initiative regelmäßig klassische Liederabende mit Stars der Szene: In kleiner Besetzung entstehen ganz große Momente. Wie sagte Goethe über Schloss Ettersburg: »Hier fühlt man sich groß und frei wie die große Natur, die man vor Augen hat, und wie man eigentlich immer sein sollte.«

Adresse Am Schloss 1, 99439 Ettersburg | **ÖPNV** Bus Linie 6, Haltestelle Schloss | **Anfahrt** von Weimar: Ettersburger Straße, dann der Ausschilderung folgen | **Öffnungszeiten** Schlossrestaurant: Do–So 12–23 Uhr, ansonsten auf Vorbestellung, Tel. 03643/7428410; Remise (Selbstbedienung, deftige Speisen, Bier, Kuchen, Kaffee) Mai–Sept. (sonst nur bei schönem Wetter) Di–So 12–17 Uhr | **Tipp** Wer sich wieder »erden« möchte, geht in Dormanns Schafschur-Museum (Besichtigung nur nach Terminabsprache, Tel. 03643/779844) und bestaunt Schafschurtechniken aus drei Jahrhunderten.

91 Die Schlossmauer Kromsdorf

Besuch bei Montezuma, Tamerlan und Wilhelm Ernst

Kommt man durch das Tor am Parkplatz und geht die Stufen hinab, sieht man rechter Hand das Schloss. Ein paar Stufen weiter stößt man auf einen unvollständigen Steinkreis. Das sind die Reste des Renaissance-Parks auf dem heutigen Platz der Demokratie in Weimar. Dort war ein Park? Ja, die im Kreisel liegenden Steine sind der fundamentale Rest vom Parkbrunnen, auch »Durchsichtiger Turm« genannt, weil aus 16 Metern Höhe Wasser fiel, sodass der turmartige Eindruck entstand. Ein Stück gerettete Weimarer Gartengeschichte.

Der Schlosspark Kromsdorf ist fast quadratisch. Eingerahmt wird er von einer dreiseitigen Mauer – die vierte Seite ist das Schloss. Die Mauer ist voller Kunst: Büsten von berühmten Männern und vielen unberühmten Frauen. Aber nur Männer waren dem Skulpturengalerieanreger, dem königlich-schwedischen Generalleutnant Kaspar Kornelius Mortaigne de Potelles, wohl zu unsexy. Damals sagte man: langweilig. Der skulpturenbezahlende Nachfolger, der Weimarer Herzog Wilhelm Ernst, tat es seinem Vorgänger gleich. Also ließen sie in die vorgefertigten Nischen in der Gartenmauer Frauenköpfe unter die Kaiser, Könige, Cäsaren, Kuruzenführer, Erzherzöge, Generäle und Feldmarschalle mischen. Mädchen und Weib von der Insel Chios, die gar nicht griechisch aussehen, eine untürkische türkische Edeldame, eine Sultanin, eine Frau aus Persien und noch andere Weiblichkeiten, die alle einen eher mitteldeutsch-thüringischen als ausländischen Einschlag haben. Noch lustiger die Exoten: Der japanische Kaiser sieht eher türkisch aus, die Indianerherrscher Atahualpa und Montezuma und der nie existierende König von Florida könnten aus einem von Karl May inspirierten Disney-Kinderbuch stammen.

Napoleons Truppen sind hier durchgezogen und haben fast allen Büsten die Nasen abgeschlagen. Einige Exemplare verschwanden später. Alle wieder da, alles wieder dran! Amüsant.

Adresse Weimarische Straße 36b, 99441 Kromsdorf | **ÖPNV** Regionalbus Linie 228, Haltestelle Kromsdorf-Nord/Schloss | **Anfahrt** von Weimar über die B 7 oder B 85, Kromsdorfer Straße stadtauswärts bis Großkromsdorf | **Tipp** Kurz bevor man durch das südliche Mauertor tritt und auf dem Sportplatz steht, befindet sich links ein Gedenkstein »Thüringische Sünd-Flut«. Ende Mai 1613 waren große Teile Thüringens überschwemmt. Die Ilm stieg durch starke Regenfälle stellenweise um sechs Meter an. Ganz ohne menschengemachten Klimawandel.

92 Die Silhouettenwerkstatt

Fesselnde Schattenspiele bei Schillers

An der richtigen Schreibweise von »Silhouette« sind Generationen von Schülern gescheitert. Heute gebraucht man das Wort selten, obwohl Silhouette mindestens zehn verschiedene Angelegenheiten beschreibt: Zum Beispiel ist »Die Silhouette« der deutsche Publikumspreis für Synchronsprecher, Silhouette heißt die drittgrößte Insel der Seychellen, wo unterhalb des 752 Meter hohen Mont Plaisier Riesenschildkröten vor dem Aussterben gerettet wurden. Und im Schillerhaus gibt es die Silhouettenwerkstatt.

Der Begriff trägt den Namen eines französischen Finanzministers. Étienne de Silhouette soll ein Geizkragen erster Güte gewesen sein, der die Wände seines Hauses lieber mit kostengünstigen Scherenschnitten als mit Ölbildern und Möbeln verziert haben soll. Also nahm das Volk den Namen in den Mund, um Billigkunst oder danebengegangene Porträts zu bezeichnen. Schnell wandelte der Begriff sich ins Positive. Für die Herstellung guter Silhouetten wurde extra ein Silhouettierstuhl erfunden, und den theoretischen Unterbau für die Schattenriss-Begeisterung lieferte der Philosoph Lavater, der von der Nasenform Rückschlüsse auf den Charakter konstruierte. Goethe fand das anfangs sehr interessant, später nicht mehr ganz so. Zwischendurch hatte er wohl nachgedacht. Aber in dieser Zwischenzeit entstanden ganze Silhouetten-Galerien.

Wenn man sich nicht ins Bockshorn jagen lässt, von wegen, das sei nur was für Kinder, kann man sich auch als Erwachsener in museumspädagogische Hände begeben, um sich selbst eine Silhouette zu schneiden.

Es ist schon spannend, wie aus dem Menschenkopf in Realgröße ein kleines Scherenschnittchen wird. Hierfür nimmt man einen Storchenschnabel! Und am Nachbartisch kann man ausprobieren, ob man mit Federkiel und Tinte schreiben kann. Auf jeden Fall bekommt man ein Gefühl dafür, wie schwer es gewesen sein muss, »Faust« oder »Wilhelm Tell« damit zu notieren.

Adresse Schillerstraße 12, 99423 Weimar | **ÖPNV** mit einem Bus bis Goetheplatz, weiter in der Fußgängerzone vorbei am Theater in die Schillerstraße | **Anfahrt** zentrumsnah parken und laufen, es ist nie wirklich weit. | **Öffnungszeiten** So 11–16 Uhr | **Tipp** Wenn man schon mal drin ist, kann man sich auch gleich Schillers Wohnhaus ansehen. Der Dichter musste sich hoch verschulden, um es beziehen zu können. Der große Schiller verbrachte die meiste Zeit arbeitend oder krank darniederliegend in der Mansarde.

93_Die Skulptur in Stedten

Ein Anfang ohne Ende

Wer nach Stedten will, sollte schon genau wissen, in welches Stedten, denn recht nah beieinander gibt es in Mittelthüringen mindestens drei davon. Möchte man das Grab des weltbekannten Hochseilartisten Camilio Mayer, Lehrmeister der Hochseiltruppe Geschwister Weisheit, besuchen, muss man nach Kranichfeld-Stedten fahren. Sucht man aber Schloss Stedten, sucht man vergeblich, das Schloss in Bischleben-Stedten ist abgerissen und Bischleben nach Erfurt eingemeindet.

Sucht man aber das Stedten, das an der ehemaligen europäischen Königsstraße, der Via Regia, liegt, dann wird man nördlich von Weimar fündig: Stedten am Ettersberg, heute ganz unpoetisch gelegen an der Landstraße 1054. Unaufgeregt ist hier alles, ruhig, dörflich geprägt, Ackerbaugebiet im Thüringer Becken. Die Stedtener Kirche sieht aus, als habe man sie nach einer Holzklötzchenzeichnung gebaut. Fast kindlich fröhlich steht sie da, heute eine der vielen Herbergen entlang des Pilgerpfades Via Regia.

Wanderer, kommst du nach Stedten, nimm erst einmal Platz neben dem Gedenkstein. »Durch die demokratische Bodenreform wurde im Jahre 1945 in unserer Gemeinde 136 ha Ackerland an 26 Landarbeiter verteilt«, steht da eingemeißelt. Boden gehörte plötzlich nicht nur einigen wenigen, war kein Spekulationsobjekt mehr. Bodenreform, ein Wort, das für arme Bauern einmal den Klang eines Zauberwortes hatte. Man kann darüber nachdenken und gleichzeitig den Blick schweifen lassen zu einer ganz nahe stehenden übermannshohen Metallskulptur. »Jedem Anfang wohnt ein Zauber inne«, hat die Künstlerin ihre Stele betitelt. Was für ein Anfang ist das? Vogelähnliche Wesen fliegen himmelan, verschiedene Formen, rostendes, vergängliches Metall, manche Wesen sind fast blattartig, als sei alles in wandelndem Werden begriffen. Ein Flug-Wesen glänzt glatt und golden. Fertig? Kaum. Natur ist nie fertig. Die ruht auch nicht am siebten Tag.

Adresse Dorfstraße, 99439 Stedten (am Ortsausgang Richtung Weimar) | **ÖPNV** Bus Linie 219, Haltestelle Stedten am Ettersberg | **Anfahrt** von Weimar Ettersburger Straße, in Ramsla Richtung Berlstedt | **Tipp** Das nahe gelegene »Bad-Camp« am Ortseingang Ettersburg bietet Camping, Caravan, öffentliches Freibad mit großzügigen Freiflächen und Rutsche, Terrassengaststätte, Grillplatz und Feuerstelle, Beachball-, Streetball- und Tischtennisplatz.

94_Das Spiegelzelt

Kreative Kleinkunst-Könner

Das Spiegelzelt hat noch einen Vornamen, den verdankt es einer Schwarzbierbrauerei. Groß prangt auf der Eingangsseite des belgischen Zelttheaters die Logo-Frau des Kulturveranstalters. Seit 2004 lockt das Weib – tänzelnd, fingerschnipsend, schulterfrei in Rot – in das von außen ziemlich unscheinbare Festzelt auf Zeit. Nur einige Frühsommerwochen steht es da und zieht Kleinkunstfreunde beiderlei Geschlechts nach Weimar.

Wenn man eintritt, ist das ein Schritt in eine andere Welt, eine nostalgisch anmutende, poetische Zirkus-Varieté-Zeltwelt, verspiegelt, verspielt, verträumt. Selbst als die Nachfrage wuchs und das Zelt größer wurde, verlor es nicht diese besondere Atmosphäre. 500 Zuschauer können nun Abend für Abend aus den Separees heraus oder mit direktem Blick aus dem Innenraum auf die Bühne die Künstler beim Arbeiten beobachten. Meistens schlägt deren Arbeit in pures Vergnügen um.

Eigentlich ist das ja ein Zelt für die feine Gesellschaft. Anfang des 20. Jahrhunderts gab es mehrere mobile »danspaleis«, Tanzpaläste, die manchmal auch für mondäne Weinverkostungen aufgeschlagen wurden. Reiche Belgier und Holländer ließen solche Spiegelzelte bauen, um im Sommerurlaub an der Nordsee gepflegt und standesgemäß das Tanzbein schwingen zu können. Man wollte direkt am Strand nicht auf elegantes Ambiente verzichten und sich Sand in die Pumps und italienischen Maßschuhe tanzen. Zwei Kriege und Notzeiten ließen die Spiegelzelte fast in Vergessenheit geraten. Durch Zufall wurden sie wiederentdeckt. Einige wenige, sieben oder acht, waren noch original, in Einzelteile auseinandergebaut, erhalten. Und so kann heute die Berliner »Bar jeder Vernunft« in ein Spiegelzelt von 1912 einladen.

Das Weimarer Exemplar ist ein originalgetreuer Neubau, größer als die alten Zelte. Mit »Komik, Kunst und Kulinarik« wirbt der Zeltintendant alliterierend – als wäre Komik keine Kunst, nun ja.

Adresse Beethovenplatz, 99423 Weimar, www.tickets.koestritzer-spiegelzelt.de | ÖPNV Bus Linien 1, 5, 6 und 8, Haltestelle Wielandplatz, zu Fuß über Ackerwand auf die Grünanlage Beethovenplatz | Anfahrt bis Parkhaus Beethovenplatz, wieder ans Tageslicht und direkt ins Spiegelzelt | Öffnungszeiten Mai und Juni | Tipp Wer im Spiegelzelt etwas verpasst oder keine Karten mehr bekommt, kann (fast) jeden Künstler im Laufe der Zeit auch in Erfurt im DasDieBrettl, DasDieLive oder in der »Alten Oper« erleben.

95 Das Stegmannsche Haus

Wo ist die neunbrüstige Frau?

Es ist ja anzunehmen, dass auch Goethe und Schiller mal klein und nackt und niedlich waren. Dass man sie aber auch nackert bildlich dargestellt in der Klassikerstadt öffentlich sehen kann – Skandal! Na ja, ein niedlicher Skandal. Die Putten rabotten wie die Kaputten dort am Stegmannschen Haus, aber es ist nur ein witziges Fassadenband von 1866, auf dem der Bau des Neuen Museums am Fuße der Carl-August-Allee in augenzwinkernder Puttensymbolik dargestellt ist. Und auch die Klassikerverehrung wird hier auf ein sehr putziges Maß heruntergeschraubt. Eine etwas größere, mittendrin Lagernde stellt die Urmutter alles Weimarischen dar: die Wimaria, hingegossen am Ufer der Ilm.

Der Fries ist ein fröhliches Dankeschön an den Architekten Carl Stegmann, den Bauleiter des Großherzoglichen Museums, heute »Neues Museum« – das mit dem goldenen Michelinmännchen an der Treppe. Die humorvolle Bauchbinde am Stegmann-Haus war Teamwork: in Ton modelliert im Atelier von Professor Franz Jäde durch dessen Schüler Fratscher – ein Vorname scheint nicht überliefert zu sein –, gebrannt vom Hoftöpfer Schmidt. Von 1866 bis 1872 firmierte hier das Stegmann-Jädesche Kunstinstitut mit Ausstellung architektonischer und kunstgewerblicher Erzeugnisse. Die Kunstschule war eine Art Bauhaus-Vorläufer, eine Designschule. Hier warf man sich auf das Entwerfen von Handwerks- und Industrieprodukten. Für die Ausstellungen stellten Großherzog Carl Alexander und der Gewerbeverein Leihgaben zur Verfügung.

1876 war ein wichtiges Jahr für Weimar. Das Stegmannsche Haus wurde Direktionssitz der Weimar-Gera-Eisenbahngesellschaft. Der weitblickende Direktor Ernst Heinrich Kohl kaufte das gesamte Gelände nördlich des Museums und schlug einen Bebauungsplan vor, mit dem Museum als Zentrum. Weimar wurde Großstadt mit Eisenbahnanschluss. Und die neunbrüstige Frau? Müsste man eigentlich an der Südseite des Hauses finden.

Adresse Carl-August-Allee 9, 99423 Weimar | ÖPNV Bus Linien 2, 3 und 6, Haltestelle Carl-August-Allee | Anfahrt über den Bahnhofsvorplatz direkt in die Allee oder vom Goetheplatz über Karl-Liebknecht-Straße, Weimarplatz, Rathenauplatz | Tipp Seit 1870 gibt es in der Carl-August-Allee 17a das »Bratwurstglöckl«, eine kleine Traditionsgaststätte. Die namensgebende Glocke ist eine Spende der Apoldaer Glockengießer, die sich hier gern gastronomisch verwöhnen ließen.

96_Die Steubenstraße

Ein Preuße in Amerika

Steuben? Steuben – gibt's da nicht im Herbst immer diese Steubenparade auf der Fifth Avenue in New York? Nach dem heißt die Straße. Wer das war? Ein preußischer Offizier. Friedrich Wilhelm Ludolf Gerhard Augustin von Steuben, bekannt auch als Baron Steuben, geboren 1730 in Magdeburg, gestorben 1794 in Utica im Staat New York, preußischer Offizier, amerikanischer General, ohne den es die USA in ihrer heutigen Form vielleicht gar nicht gäbe.

Steuben hatte schon eine scharmützelreiche militärische Laufbahn hinter sich, als er nach Amerika ging. Man munkelt immer noch, er sei einem drohenden Gerichtsprozess wegen homosexueller Handlungen ausgewichen. Im Siebenjährigen Krieg lernte er die Nadelstich-Kriegsführung leichter Truppen kennen, die unabhängig operierten und so schnelle, überraschende Angriffe starten konnten. Dieses Wissen und das, was ihm Friedrich II. persönlich in einer Kriegskunstklasse beigebracht hatte, wandte Generalinspekteur Baron Steuben an, um George Washingtons zusammengewürfelte Truppen auf Trab zu bringen und zu einer schlagkräftigen Kontinentalarmee zu machen. Ohne die taktische Klugheit Generalmajor von Steubens kein amerikanischer Sieg gegen die Briten 1778 in der Schlacht von Monmouth, dem Wendepunkt des Unabhängigkeitskrieges.

Nachdem die Kriegsparteien 1783 Frieden geschlossen hatten, musste Steuben jahrelang auf die Bewilligung einer Rente warten. Er hatte noch einige öffentliche Ämter inne, trotzdem auch Zeit, 1793 »Regeln für die Ordnung und Disziplin der Truppen der Vereinigten Staaten« aufzuschreiben und drucken zu lassen. Vielleicht haben es einige US-Soldaten und Offiziere als Abtragung einer Dankesschuld angesehen, als sie 1945 Weimar befreiten. Viele Orte und Countys in den USA tragen Steubens Namen, Schiffe und U-Boote hießen nach ihm, Kasernen und Schulen in Deutschland. Und in Weimar eben eine Straße.

Adresse Steubenstraße, 99423 Weimar | **ÖPNV** Bus Linien 1, 2, 5, 6 und 8, Haltestelle Gropiusstraße, dann zu Fuß die Steubenstraße erkunden | **Anfahrt** von Erfurter Straße (B 85) rechts in die Washingtonstraße zum August-Frölich-Platz, dort beginnt die Steubenstraße | **Tipp** Das Haus Steubenstraße 1 war einmal das Mess-, Waage- und Lagerhaus. Heute befindet sich hier die Stadtbücherei (Veranstaltungen in der Gewölbehalle im Keller: www.stadtbibo-weimar.de).

97 Der Stuhl

Zum Sitzen keine Gelegenheit

Ist das nun ein Symbol für die große Lehre oder die große Leere? Die schiere Größe von fast acht Metern Höhe beantwortet die Frage nicht. Wird hier eine neue progressive Umwälzung beschworen, eine Zeit, die Riesen braucht und Riesen zeugt, Riesen an Denkkraft, Leidenschaft und Charakter, an Vielseitigkeit und Gelehrsamkeit? Doch wohin mit dem Sitzfleisch, wenn der Riese sich auf den Hosenboden setzen und den studentisch durchwetzen möchte, wo doch der Stuhl gar keine Sitzfläche hat? Also doch eher die große Leere? Fragen über Fragen zum 20-Tonnen-Kunstwerk »Lehrstuhl – leerer Stuhl«. Wer über das Material nachdenkt, aus dem die Kunst ist, Holz nämlich, der überlegt vielleicht auch, warum moderne Architekten Bäume im Stadtbild so hassen. Buchen sollst du verfluchen, Eichen sollst du weichen.

Für diese grauen, glatten Wände, für Glas und Metall, für die parallele Ausrichtung des Kunststuhls zu den Grundlinien der umliegenden Gebäude bekommt man zwar den »Thüringer Staatspreis für Architektur und Städtebau«, aber nicht unbedingt die Sympathien der Menschen, die solche Gebäude täglich anschauen müssen. Innen ist das alles ganz nutzvoll. Die Universitätsbibliothek der Bauhaus-Universität Weimar befindet sich seit September 2005 in diesem Neubau mit 4.500 Quadratmetern Hauptnutzfläche. Zwölf Millionen Euro wurden hier reingesteckt. Im Gebäude steckt auch das Audimax der Uni drin.

Der Baukörper ragt frech über die Sichtlinie der Steubenstraße hinaus, die Uni steckt ihre Nase in die Stadt. Auch das könnte ein Symbol sein: für Nase-in-fremde-Angelegenheiten-stecken? Oder für ausstehende Umwälzungen? Wie es Gerulf Pannach für die Rock-Band »Renft« einst dichtete: »Ketten werden knapper und brechen sowieso / Wie junger Rhabarber, wie trockenes Stroh / An der Hand des Riesen, der tausend Nasen hat / Der braucht nur zu niesen und wendet das Blatt.« Wende?

Adresse Steubenstraße 6/8, 99423 Weimar | **ÖPNV** Bus Linien 1, 5, 6, und 8, Haltestelle Wielandplatz, ein kleines Stück zurück, auf der rechten Seite | **Anfahrt** bis Parkhaus Beethovenplatz, zu Fuß entgegen der Anfahrtrichtung, Ackerwand, rechts in die Steubenstraße und gleich wieder rechts | **Tipp** Zwei kleinere große Stühle aus Stein stehen sich am Beethovenplatz gegenüber, der eine trägt eine persische Inschrift. Es ist zwar kein weicher Diwan, aber man könnte Platz nehmen zum west-östlichen Dialog der Kulturen.

98 Das »Theater im Gewölbe«

Goethe und Schiller zum Anfassen nah

Oben unterm Dach hat Lucas Cranach der Ältere gemalt. Darum heißt das Haus auch Cranach-Haus. Aber die meisten Touristen und auch viele Einheimische sprechen mittlerweile vom »Theater im Gewölbe«, wenn sie das Haus gegenüber dem Rathaus meinen. Und eigentlich ist es ja ein Doppelhaus, weil noch das Pestelsche Haus daneben dazugehört.

Im Erdgeschoss, im dortigen Gewölbe, steht eine kleine Bühne, auf der großes Theater gespielt wird. Fast alle Stücke drehen sich um das Figurenensemble des »Goldenen Zeitalters«, allen voran natürlich Goethe und Schiller, und um deren zwischenmenschliche und sonstige Verhältnisse. Viele Touristen sind mittlerweile auch deswegen Weimarer Wiederholungstäter, weil sie gern ein weiteres der Theaterstücke sehen wollen, vielleicht auch wieder mit einem oder einer der erstklassigen Schauspieler und -innen. Hier spricht Frau von Stein über den abwesenden Herrn von Goethe, Frau Prof. Dr. ulk. Angelique de Kalb über Schillers Liebesleben, »Faust I« gibt es im Alleingang und »Faust II« zu dritt. Und Schillers »Wilhelm Tell« als Ein-Stunden-Klassiker für elf Marionetten und einen Schauspieler. Und, und, und.

Als das hier noch eine der berühmtesten Buchhandlungen Deutschlands war, die »Hoffmannsche«, saß Goethe oft zeitunglesend im Haus. Hat er sich manchmal gedacht, dass er ja irgendwie in Familienbesitz sitzt? Aus der Cranach-Brück-Linie stammt Goethes Mutter, sodass Lucas der Ältere der Urgroßvater von Johann Wolfgang siebenten Grades ist. Und vor dem Haus stand der erste öffentliche Weihnachtsbaum Weimars, gesponsert bei Hoffmanns.

Goethes Trinkglas steht übrigens als Requisit bei fast allen Stücken auf einem Tisch und kann anschließend in Grün exklusiv hier erworben werden. Das Original aus gelblichem Böhmischem Glas steht im Goethehaus. Hier im Cranach-Haus gibt es die Thüringer Waldglasvariante aus Lauscha.

Adresse Markt 11/12, 99423 Weimar, www.theater-im-gewoelbe.de | **Anfahrt** zentrumsnah knöllchensicher parken, dann laufen | **Öffnungszeiten** an Vorstellungstagen ab 14 Uhr (Theaterkasse), Spielplan auf der Homepage | **Tipp** Der Intendant tanzt: Der Theaterchef betreibt auch die »Thüringer Tanzakademie« in der Kulturkirche, Schubertstraße 23, die wohl einzige europäische Tanzschule in einer Kirche.

99_Das Thillm

Pädagogen, schaut nach Bad Berka

Also, wie sagten früher die Deutschlehrer, als es noch Deutschlehrer gab und nicht fast ausschließlich -innen? Sie sagten: »Mit also beginnt man keinen Satz.« Also, das war so: Als ordentlicher Doktor (alle Gänsefüßchen an den richtigen Stellen) stellte Dr. Starcke 1899 fest: Also, die Villa »Americana« in Bad Berka reicht nicht aus für den Ansturm an Sanatoriumspatienten. Aus diesem Grund ließ er »Schloss Harth« errichten, ein Gesundungsheim im besten Sinne des Wortes. Mit sattem Gewinn verkaufte er die Gebäude 1921 an die Norddeutsche Knappschaftspensionskasse. Die erweiterte das Sanatorium, um dem Massenansturm gewachsen zu sein. Die etwas unterhalb gelegene Villa »Alice« wurde dazugekauft, und nun konnten bis zu 200 Patienten Wohnung, Essen und Behandlung genießen.

Ab 1934 stand nicht das Heilen von Krankheiten im Mittelpunkt, sondern das Heil-Rufen. All die kleinen Führerpersönlichkeiten bekamen hier Schliff, die Bann- und Jungbannführer, die Gau- und Untergauführer und sogar Führerinnen machten hier ihren Führerschein. Aber das führte schnurstracks in den Untergang.

»Schloss Harth« wurde wieder Heilstätte, nun für Versehrte des Krieges. Erst kamen die Amis, dann die Sowjets, dann Flüchtlinge, dann Landesparteischüler von KPD und bald von der SED. Aber schließlich hielten wieder approbierte Ärzte Einzug und probierten, Tuberkulosekranke zu heilen. Kranke und Ärzte zogen später in die neuen Kliniken. »Schloss Harth« wurde Rehabilitations- und Umschulungszentrum, bald hatte es den Status einer Medizinischen Fachschule. Es wurde saniert und rekonstruiert und Steuergeld investiert – ja, und dann zog 1997 schließlich das Thüringer Institut für Lehrerfortbildung, Lehrplanentwicklung und Medien – kurz Thillm – in die von Geschichte nur so trächtigen Gebäude ein. Es wird wieder approbiert, also genehmigt, und zwar Schulbücher. Na also!

Adresse Heinrich-Heine-Allee 2–4, 99438 Bad Berka | ÖPNV mit Zug von Weimar Hauptbahnhof bis Bad Berka Bahnhof oder Bus Linie 221 nach Bad Berka, Haltestelle Zeughausplatz, zu Fuß durch Tannrodaer Straße bis Heinrich-Heine-Allee | Anfahrt von Weimar über die B 85 nach Bad Berka, dort Bachstraße, rechts in die Bahnhofstraße, Tannrodaer Straße, dann rechts in die Heinrich-Heine-Allee | Tipp Der 11 Hektar große Kurpark in Bad Berka ist eine Goethe-Idee. Heute ideal zum Entspannen und Spazieren, Kneipp-Wassertreten; sommerliche Freiflächen-Ausstellungen und regelmäßige Kurkonzerte inbegriffen.

100 Die Thüringer Kloß-Welt

Ohne Kloß nix los

Achtunggebietend hebt die überlebensgroße Kloßmarie den Zeigefinger. Hier schlägt das gastronomische Herz Thüringens, denn dieses Bundesland ist – ob das der Wirtschaftsminister wahrhaben will oder nicht – bekannt durch zwei gastronomische Großereignisse: die Thüringer Bratwurst und den Kloß gleichen Vornamens. Dieser Landstrich mag es kugelrund. Und rund um den Kloß dreht sich in Heichelheim fast alles. Hier ist er der Mittelpunkt der Welt. Ein Sonntag ohne Klöße verlöre viel von seiner Größe.

Einst war die Kloß-Welt nur eine Produktionshalle für das Thüringer Grundnahrungsmittel. Mittlerweile ist der Kloß iwenntisiert (von engl. Event). Original und originell. Täglich dreht sich die Kloßpyramide, mit jahreszeitlich angepassten Figuren. Es gibt zwar keine Kloßbildleinwand, aber Kloß-TV. Spionieren ist erlaubt. Ist ja schließlich kein Geheimnis, dass der Thüringer Kloß unübertroffen ist.

Aber hinkriegen muss man diese Köstlichkeit erst einmal! Als Klöße noch vollständig in Handarbeit hergestellt wurden, musste auch immer ein bisschen Blut mit rein. Wieso, das erfährt man im Museum, wenn man's nicht selber weiß und erlitten hat.

Hier kann man sie probieren: Klöße mit Söße, äh, Soße, und zwar mit viel Soße. Klöße in vielen Varianten. Im Werksverkauf gibt es – natürlich – Klöße, aber auch viele andere Thüringer Spezialitäten. Den Weltrekord sollte man allerdings nicht nachmachen: Die Heichelheimer stehen mit dem größten jemals hergestellten Kloß in diesem irischen Bier-Rekord-Buch. Und einen begehbaren Kloß gibt es hier auch. Allerdings ist das nicht alles, es wird für die ganze Familie etwas geboten. Überraschen lassen!

Apropos lassen, wie sagte Schiller: »Wir wollen sein ein einzig Volk von Kloßterbrüdern.« Sagte er doch, oder!? Und welche Lobesworte sprach ein chinesischer Besucher mitten im »Grünen Herzen Deutschlands«: »Thülingen ist kloßartig!«

Adresse Hauptstraße 3, 99439 Heichelheim | ÖPNV Bus Linie 6, Haltestelle Zur Warte, von dort allerdings circa 20 Minuten wandern, über Kleinobringen; oder Regionalbus Linie 217 (fährt nur an Schultagen) direkt nach Heichelheim | Anfahrt von Weimar: Ettersburger Straße stadtauswärts, rechts abbiegen Richtung Kleinobringen, Heichelheim | Öffnungszeiten Mo–Fr 9–18 Uhr, Sa 9–16 Uhr, So 11–16 Uhr | Tipp Die Natur- und Feinkostmanufaktur Braun in Heichelheim, Hauptstraße 1, nimmt Sie mit auf »Kulinarische Zeitreisen«, historische Genüsse wiederentdeckt für heute.

101 Die Villa Dürckheim

Vorwärts und nichts vergessen

Das war zeitweilig das meistgehasste Haus in Weimar. Aber das Haus kann ja nie etwas dafür, was in seinem Inneren getan wird. Es war eine Festung, hohe Mauern um das Grundstück, die Fenster fast immer verdunkelt. Cranachstraße, das klang in Weimarer Ohren nach Bautzen. Hier saß die Stasi. Was für ein schönes helles Haus, was für dunkle Jahre.

Obwohl, schon der Auftraggeber und Bauherr Graf Friedrich von Dürckheim-Montmartin war einer von der Gilde »Schild und Schutz«, nur mit dem Unterschied, dass er sich als einer der getreuen Paladine vor Märchenkönig Ludwig II. werfen musste. Entworfen wurde das Haus von Alles-Künstler Henry van de Velde. Bezahlen durfte die Frau des Grafen, eine geborene Charlotte von Kusserow, die ein ordentliches Vermögen geerbt hatte. Und von dem Ordentlichen soll van de Velde einen siebenstelligen Betrag abbekommen haben. Dafür legte er sich aber auch ins Zeug, alles war vom Feinsten und Erlesensten. Nur an Türen hatte er nicht gedacht. Oder anders: Der gestalterische Clou war, dass die Räume türlos ineinander übergingen. Später hat man die Zugluft mit Türeinbauten eingedämmt. Aber der zunächst offene Salon war nicht nur ein zugiges Abteil, er war wirklich offen für städtische Honoratioren, angesagte Künstler und Geistesgrößen. Offen war auch die Atmosphäre, zwanglos, frei, das geistige Niveau gehoben. Deswegen kamen wenige aus den Kreisen des Weimarer Hofs und des nach 1918 arbeitslosen Adels.

Nach dem Krieg nahmen Offiziere der Roten Armee die Villa in Beschlag. Sie wurde Sitz der Militäradministration, daran angeschlossen: der Geheimdienst. Bis 1963 war die Cranachstraße für Deutsche Sperrgebiet. Von 1968 bis 1989 wollte dort keiner hin, außer Mitarbeitern des Ministeriums für Staatssicherheit.

Auch heute kommt man nicht einfach so rein in die Villa, aber es gibt viele Klingeln: Wohnungen und Büros.

Adresse Cranachstraße 47, 99423 Weimar | **ÖPNV** Bus Linie 6, Haltestelle Cranachstraße | **Anfahrt** vom Goetheplatz über Gropiusstraße, Steubenstraße, Humboldtstraße, dann entlang der Cranachstraße. So sieht man mehr. | **Tipp** Wer sich für Thüringer Literatur und Literaten in Vergangenheit und Gegenwart interessiert, wird ausführlich fündig beim Thüringer Literaturrat. Internet nutzen oder Klingel am Haus.

102 Die »Villa Haar«

Feiern, gedenken und vielleicht helfen

Hier feiert man Hochzeiten und andere Feste. Monatlich gibt es einen Sonntagsbrunch mit Kunst: Kabarett, Lesungen, Konzerte – professionell organisiert, mit exklusiver Küche. Verwöhnmomente garantiert! Zwei bis drei Kunstausstellungen werden pro Jahr veranstaltet. Zur Midissage gibt es Jazz, Literatur oder Puppenspiel für Erwachsene. Ein schönes Haus mit bemalten Fluren. Geländer, Vertäfelung, Balken gediegen aus dunklem Holz. Ein Haus zum Seele-baumeln-Lassen, mit Blick in die Anlagen im südlichen Teil des Ilmparks. Eine Flanier-Einladung. Villa Haar. Gibt es da nicht auch eine Stiftung Haar? Ein freier Träger der Jugendhilfe für offene Kinder- und Jugendarbeit mit Wohngruppen, Notschlafstelle und Ganztags-Schulprojekt. Was hat die Feiervilla mit Sozialnöten zu tun?

Georg Haar war eigentlich Doktor für Juristerei, Rechtsanwalt und Notar. Ein kunstsinniger Mensch, Besitzer einer bedeutenden Bibliothek. Ein Lyriker, der die typografische Gestaltung seiner meist melancholisch-pessimistischen Gedichte in der Hofdruckerei Dietsch & Brückner selbst besorgte. Ein Kunstsammler, Spezialgebiet russische Ikonen. Sein Vater Otto hatte die Villa 1905 gekauft. Als der Vater starb, übernahm Sohn Georg das Modekaufhaus in der Schillerstraße 5a. Aber die Geschäfte führte wohl seine Frau Felicitas, während er immer mehr vergeistigte und verkunstete. Mit den Bauhäuslern hatte er regen Umgang gepflegt – Widmung von Kandinsky 1924: »Lieber Dr. Haar, es ist doch gut, wenn man außer leben auch träumen kann.« Haar ließ sich regelmäßig deutschlandweit in Antiquariate und zu Kunstausstellungen chauffieren.

Im Juli 1945 schied das Ehepaar Haar aus dem Leben. Die Gründe sind unklar. Haars gesamtes Vermögen erbte die Stadt Weimar mit der Auflage, ein Waisenhaus einzurichten. So wurde aus der Villa Haar für ein paar Jahre das Kinderheim »Rosa Thälmann«. Eine Feier des Lebens.

Adresse Dichterweg 2, 99425 Weimar, www.villahaar.de | ÖPNV Bus Linie 2, Haltestelle Eduard-Mörike-Straße, dann der Ausschilderung folgen | Anfahrt Bodelschwinghstraße bis Kreuzung Dichterweg, dann der Ausschilderung entlang der Einbahnstraßen folgen, es sind viele Dichterwegwege | Öffnungszeiten »Café D'ESTE« in der Villa: Feb.–Dez. So 13–18 Uhr sowie zu den Veranstaltungen; Tel. 03643/779880 | Tipp Eine Gedenktafel am früheren Kaufhaus Haar, Schillerstraße 5a, und eine Straße erinnern an den Stifter Georg Haar.

103 Das Volkshaus

Ein sozialdemokratisches Sittengemälde

Tradition trifft hier Moderne. Modern ist es manchmal auch, traditionsreiche Gebäude verfallen zu lassen. Das ist der Lauf der Welt. Manches verläuft im Sand. Dabei ist das hier ein wichtiger Ort der Geschichte der Sozialdemokratie in Thüringen: Es ist das erste Gewerkschaftshaus in diesem Bundesland. Der SPD-Politiker August Baudert eröffnete es 1908 mit einer Rede, in der auch die vielen Spender gewürdigt wurden, die dieses Haus der Arbeiterschaft überhaupt erst möglich gemacht hatten. SPD und Gewerkschaften kämpften damals noch eng miteinander für Arbeiterrechte. Als andere politische Mitbewerber auf den Plan traten, trat die SPD von links in die Mitte. Deutlich wurde dieser Ruck 1919, als von Januar an die Deutsche Nationalversammlung in Weimar tagte. Die SPD-Fraktion hielt ihre Sitzungen anfangs im Volkshaus ab. Als eine Spartakus-Jugendgruppe im Haus die Gründung der Orts-KPD vorbereiten wollte, ließen die Hausherren die Polizei anrücken. Die SPD-Fraktionisten trafen sich fortan lieber in klassenkämpferisch nicht so frequentierten feinen Weimarer Hotels.

Clara Zetkin, Liebknecht, Luxemburg sprachen hier, Rudolf Breitscheid und Friedrich Ebert. Letzterer hatte im Haus zeitweilig ein Abgeordnetenbüro. Die Nazis konfiszierten das Volkshaus. Im Krieg zerstört, wurde es dann wiederaufgebaut und »Haus des Freien Deutschen Gewerkschaftsbundes«. Hier war täglich Leben in der Bude: Gewerkschaftliche Sitzungen, im Keller probten Bands, im Saal trat das Lehrerkabarett »Rote Tinte« auf. Bis 2009 gab es hier noch einige Rock- und Blueskonzerte.

Zur Tradition gehörte auch das Gedenken an die Gewerkschafter, die 1920 während des Kapp-Putsches im Volkshaus von Reichswehrsoldaten erschossen wurden. Eines der Opfer hieß Karl Merkel. Vielleicht übernimmt ja die CDU das Haus zur Wiederbelebung. Ansonsten bleiben eines Tages nur Abbruch der Traditionslinie und des Hauses.

Adresse Friedrich-Ebert-Straße 8, 99423 Weimar | **ÖPNV** Bus Linie 1, Haltestelle Friedrich-Ebert-Straße | **Anfahrt** vom Goetheplatz über Karl-Liebknecht-Straße, rechts in die Straße des Friedens, dann links in die Friedrich-Ebert-Straße | **Tipp** Über Bockstraße und Rathenauplatz kommt man zur Ernst-Kohl-Straße. Einst Kohlstraße (nach einem Weimarer Kommunalpolitiker und Eisenbahndirektor), dann Straße der Jungen Pioniere, nach der Wende wieder Kohl-Straße, aber – um Verwechslungen vorzubeugen – mit Vornamen.

104 Der Webicht

Der Wald steht still und schweiget

Laubwald steht hier gemischt: Buchen, Eichen, Ahorn, Eschen und Ulmen. Meist herrscht der übliche Betrieb. Hundehalter mit ihren Hunden, die nicht zu halten sind, wenn ein Jogger vorbeijoggt, Fresh-Air-Snäpper, Spaziergänger, die ohne Spazierstock unterwegs sind, manchmal ein Wanderer mit Wanderstock, vorbei an Buschwindröschen, Schlüsselblume und Haselwurz, an Woll-Eisenhut und Aronstab. Früher ist hier der Herzog durch den Wildreichtum gejagt. Wo das Gelände abfällt, fallen da und dort auch Rinnsale aus den Hängen, damit der Webicht weiter Webicht heißen darf. Denn das Wort leitet sich vom althochdeutschen waba ab, was so viel wie morastig bedeutet.

Ein sternförmiges Wegenetz führt einen fast automatisch ins Zentrum des Wäldchens und damit an die alte Fasanerie. Als vor einigen Jahren eine Bauhausstudentin für ihr Projekt »Geschichten vom Verschwinden« zu einem Bürger-Flashmob aufrief, hoffte sie auf 50 Leute. Es kamen fast zehnmal so viele Weimarer, um mal wieder nach der langsam verschwindenden alten Fasanerie zu gucken. Eine kleine Blaskapelle spielte, wie früher. Kurz vorher war ein Nachkomme des früheren Fasanerie-Wirtes durch den Wald gestromert und fand einen Bierkrug, den sein Vater etwa 40 Jahre vorher öfters in der Wirtshand gehalten haben musste. Eine Freiluftkegelbahn gab es hier, Schießbude und Tanzfläche. Ein Ausflugslokal, wie es um die vorige Jahrhundertwende viele im Grünen gab. Fröhliches Treiben, dem im Krieg schnell Einhalt geboten wurde. Und der Webicht wurde zu einem Ort des Grauens. Auf ihrem »geordneten Rückzug« vor den anrückenden Amerikanern ermordeten Weimarer Gestapo-Leute im April 1945 fast 150 Männer und Frauen. An die Opfer erinnert ein Gedenkstein an der Tiefurter Allee.

Alles ist wieder friedlich, als sei nichts geschehen. Hier und dort steht ab und an mal ein Maler und versucht sich an den Motiven der Weimarer Malschule.

Adresse Areal zwischen Tiefurt und Lindenberg, 99425 Weimar | ÖPNV Bus Linie 9, Haltestelle Webichtallee, weiter zu Fuß | Anfahrt zum Beispiel Tiefurter Allee bis an den Waldrand, dann zu Fuß | Tipp Die »Alte Remise Tiefurt« wird von einem jungen Team geführt. In Gastraum, Festscheune, Constantin-Zimmer, Kutscherstube, Vereins- und Tagungszimmern sowie im Kaffeegarten kann von individuell bis firmenstark getafelt werden (täglich 11–22 Uhr, im Jan. und Feb. Di und Mi Ruhetag).

105_Weidenbachs Atelier

Ein unsittlicher Sitteschüler

Nebenan werden Autos repariert. Wenn nicht ein bisschen Bildkunst vor der Treppe mit dem verrosteten Geländer und der quietschenden Metalltür stehen würde, hätte man keine kunstvollen Assoziationen. Drinnen sieht das schon ganz anders aus. Eine wahre Bilderflut erwartet den Besucher. Großformatiges an den Wänden, Farbexplosionen auf Großstaffeleien. Die ehemalige Fabrikhalle bietet Raum für alles. Platz ist nicht nur für Bilder, sondern auch für Bücherregale. Ohne seine Bücher kann der Künstler ebenso wenig wie ohne seine Bilder.

Dieter Weidenbach sagt über sich, er sei nicht kollektivierbar. Das hat er auch schon seinem Lehrer Willi Sitte gesagt, als er Meisterschüler bei ihm war. Der Sitte-Schüler-Status hat den damaligen Jungkünstler in der Damaligen geschützt. Aber wer lässt ein Gustav-Adolf-Porträt zu DDR-Zeiten nach Schweden schmuggeln? Der Künstler. Wer konnte nie seine Klappe halten? Der Künstler. Wer hatte bei anhaltender Maulaufsperre vor der Wende Ärger und nach der Wende wenig Freunde? Der Künstler. Male, Künstler, rede nicht! Geht nicht, dieser Künstler muss beides tun. Schreiben kann er auch. Ein Ausdrucksmensch eben.

Eines seiner ersten Bilder wurde berühmt, hochgelobt und verteufelt. »Unterwegs« zeigt einen Jungmaler, der ein Tal voller alter Häuser und Plattenbauten verlässt, auf Jesuslatschen auch den staatssichernden Funkturm und die toten Krähen hinter sich lassend, mit einem überlaufenden Kelch des Leids in der Linken will er an uns Betrachtern vorüber. Bis heute ist der Maler unterwegs. Wenn er auch in Weimar und Oßmannstedt Fixpunkte gefunden hat, angekommen ist er noch nicht. Wer sich mit dem vor Geschichten übersprudelnden Künstler zusammensetzen will – vielleicht um sich mit ihm auseinanderzusetzen –, ist in Oßmannstedt willkommen. Bei rechtzeitiger Voranmeldung steht ein Tee auf der »tavola gioconda«, dem heiteren Pilger-Tisch.

Adresse Liebstedter Straße, Tor ohne Hausnummer, gegenüber Nummer 13, 99510 Oßmannstedt; www.dieter-weidenbach.de | **ÖPNV** mit dem Zug bis Oßmannstedt, Atelier liegt gleich hinter dem Bahnhof | **Anfahrt** von Weimar über Tiefurt, Kromsdorf nach Oßmannstedt, parken am Bahnhof, mit dem Fahrrad auf dem Ilmtal-Radweg | **Öffnungszeiten** Anmeldung Tel. 0172/1612813 | **Tipp** Wielandgedenkstätte Oßmannstedt in der Wielandstraße 16: Ohne Wieland hätte es die Weimarer Klassik nie gegeben, und ohne einen reichen Zigaretten-Geld-Erben vielleicht auch keine restaurierte Gedenkstätte und keine Wielands Größe entsprechende Forschung mehr.

106_Der Weimaraner

Der Hund, der kein Weimarer ist

Die Klassiker sollen schon daran gescheitert sein: Heißt es nun Weimarer oder Weimaraner? Man kann es klar trennen, denn Weimaraner können nicht sprechen, nur bellen.

Der Weimaraner ist eine von der FCI, der Hundezüchterweltorganisation »Fédération Cynologique Internationale«, anerkannte deutsche Hunderasse: FCI-Gruppe 7, Sektion 1.1, Standard Nummer 99. Ordentlich betrieben, ist Hundezucht nämlich eine Wissenschaft mit strengen Regeln. Sitz der FCI ist nicht etwa Bel(l)grad, aber immerhin ein Ort in Belgien: Thuin, Place Albert 13.

Die Urmutter des Weimaraners ist unbekannt. Man weiß nur mit Sicherheit, dass die Rasse am Weimarer Hof von Großherzog Karl August gehalten wurde. Daher der Name. Erst ab 1890 wurden Weimaraner planmäßig gezüchtet, zunächst ausschließlich in Thüringen, und die Zuchtfolge in Zuchtbüchern akribisch notiert. Der Hund ist ein Jagdhund der speziellen Sorte. Als Vorstehhund (deswegen Gruppe 7) stellt sich der Weimaraner vor das gestellte Wild, gibt Laut, und der Jäger kann dann zur Tat schreiten. Es gibt übrigens die charakteristischen Kurzhaarweimaraner und welche mit angeborenem Langhaar. Die Mähne-Gene werden von den Kurzhaarigen vererbt, was die Züchter früher ärgerte, weil es üblich war, nur die Kurzhaarigen am Leben zu lassen.

Was bei Weimarern inhuman klingt, ist bei Weimaranern völlig normal: Rassestandards. Dazu gehören Verbote von Verpaarungen zu nah Verwandter, damit die schönen Graubraunen nicht in Inzuchtdepressionen verfallen. Weimaraner wurden lange Zeit nur in Weimaraner-Clubs gezüchtet und ausschließlich an Jäger abgegeben. Nun gibt es aber auch Menschen, die ihr Schnitzel gar nicht jagen, sondern im Supermarkt kaufen und trotzdem Eigentümer eines Weimaraners sein wollen. Jeder ohne Zuchtbuch entstandene und verkaufte Welpe ist in »Parallelzucht« entstanden. Deutsche Parallelwelten! Wow!

Tipp Am Haus Marienstraße 7, etwas versteckt um die Ecke, hängt eine Weimaraner-Gedenktafel. Wer über den Weimaraner hinausgehende tierische Interessen hat, ist als Mitglied oder Helfer beim Tierschutzverein Weimar (www.tierschutz-weimar.de) gern gesehen.

107 Das Weiß'sche Töchterbildungsinstitut

Ein Erfurter in Weimar

»Parkschlangen« wurden um 1900 von »Schlepp-Rechen« durch Weimars Stadtgrün geleitet – das waren Mädchengruppen unter strenger, meist altjüngferlicher Aufsicht. Auslauf für junge Frauen, die hier ihre Ausbildung erhielten.

Carl Eduard Weiß aus Erfurt, aufgewachsen unter schwierigsten Verhältnissen, stellte sich eine Lebensaufgabe: Frauen durch Bildung ein besseres, etwas unabhängigeres Leben zu ermöglichen. Er begann beim 1866 gegründeten »Lette-Verein zur Förderung der Erwerbsfähigkeit des weiblichen Geschlechts« in Berlin. Unverheiratete Frauen aus dem Bürgertum hatten im 19. Jahrhundert nur wenige Möglichkeiten, ihren Lebensunterhalt angemessen zu verdienen, meist nur als Gouvernante oder Fräulein Lehrerin. Als 1868 die Lette-Tochter den Berliner Verein übernahm, wurden zum Beispiel auch Telegrafistinnen, Handelskorrespondentinnen, Setzerinnen, Buchbinderinnen, Sekretärinnen, Diätassistentinnen und Gewerbelehrerinnen ausgebildet.

Nicht ganz so fortschrittlich ließ es Carl Eduard Weiß in Weimar angehen. Als 1871 die Nachfrage nach Bildung für Frauen wuchs, suchte er Platz für eine größere Einrichtung und kaufte die Villa in der damaligen Harthstraße. Schlossähnlich steht sie heute noch da, mit Ecktürmchen und Erker, mehrere tausend Quadratmeter Park gehörten dazu. 1891 wurde ein neues Schulhaus gleich neben die Villa gebaut. Lehrfächer waren Religion, Deutsch, Geschichte und Naturkunde, Erdkunde, Mathe, Fremdsprachen, Zeichnen, dazu Volkswohlfahrtskunde, Säuglingspflege, Hauswirtschaft. Wer wollte, konnte ein Instrument lernen. Sport war Pflicht!

Der Sinnspruch »Hüte dein Herz mit vollem Fleiß, denn daraus geht das Leben« soll im Flur des Schulhauses an der Wand stehen. Kann man nicht nachprüfen, ist überstrichen. Aber es gibt alte Fotos. Das heutige Leben im ehemaligen Schulhaus ist sehr vielfältig.

Adresse Eduard-Rosenthal-Straße 30, 99423 Weimar | ÖPNV Bus Linie 3, Haltestelle Arbeitsamt, ein Stück zurück auf der linken Seite | Anfahrt aus der Innenstadt kommend über Friedensstraße, links in die Friedrich-Ebert-Straße, dann rechts in die Eduard-Rosenthal-Straße. | Tipp Das gestreifte Haus in der Schlachthofstraße war das Verwaltungsgebäude des Schlachthofs. Das Haus gegenüber ist auch nichts für Vegetarier.

108_Zapfes Stadtvilla

Ein Weimarer ganz für Weimar

Wer durch Weimar geht, kommt an Rudolf Zapfe nicht vorbei. Ein missverständlicher Satz. Warum? Weil erstens nur wenige etwas mit dem Namen anfangen können, aber man zweitens als Weimar-Spaziergänger alle naselang an einem Gebäude vorbeikommt, das vom Architekten Rudolf Zapfe entworfen wurde. Zapfe wurde 1860 in Weimar geboren, wohnte, arbeitete und starb hier.

Die Arbeiten des Architekten und Bauunternehmers bestimmen noch heute wesentlich das Stadtbild. Viele Villen und Mietshäuser, dazu fünf Kirchen, entstanden auf seinem Reißbrett. Sein Stil war verspielt, Historismus und Jugendstil mit vielen Schnörkeln an den Außenmauern, weswegen der Volksmund ihn »Fassaderich« taufte. Die Humboldtstraße 21 entwarf er auch selbst, die untere Etage als sein Wohn- und Bürohaus. Dort geriet Zapfe regelmäßig in einen Schaffensrausch. Von vier Uhr in der Früh bis nachmittags 15 Uhr arbeitete er, oft ohne Pause, durch. Danach gönnte er sich einen Spaziergang und einen Dämmerschoppen. Seine drei Zeichner kamen kaum mit dem Zeichnen, seine Sekretärin kaum mit dem Firmenbriefeschreiben nach. Haushälterin Martchen kümmerte sich um den Junggesellen, später auch um Zapfes Ehefrau Helene, der Gärtner um die 3.000 Quadratmeter Garten.

War der Zapfe ein dröges Arbeitstier? Nein, er fand Zeit für Reisen, die er freilich auch zum Häusergucken nutzte, und er war ein »Slur-Affe«, ein sorgloser Genießer, wenn er zu Treffs der »Schlaraffia« ging, der weltweiten deutschsprachigen Vereinigung zur Pflege von Freundschaft, Kunst und Humor. Aber dann musste wieder malocht, die Sand- und Kieswerke GmbH gegründet und die Kiestransport-Drahtseilbahn quer durch den Webicht gebaut werden.

1945 standen russische Besatzungssoldaten vor Zapfes Haus und gaben 15 Minuten bis zur Räumung. Erbstücke, Material über Rudolf Zapfe, Bauzeichnungen gingen so fast vollständig verloren. Heute ist die Villa Wohnhaus.

Adresse Humboldtstraße 21, 99423 Weimar | **ÖPNV** Bus Linie 6, Haltestelle Cranachstraße | **Anfahrt** durch die Steubenstraße, kurz vor dem Wielandplatz rechts in die Humboldtstraße | **Tipp** Auf den Spuren Zapfes durch Weimar schlendern, unter anderem in die Cranachstraße, Leibnizallee, Windmühlenstraße; es gibt eine Broschüre.

109 Der Zehner

Weimar aus großer Höhe

Aus der Höhe kann man ja fast mit dem Fallschirm springen, manche hätten auch gern einen dabei, wenn sie endlich die Angst überwunden und sich abgestoßen haben. Andere nutzen diesen Turm zur Selbstdarstellung, wieder andere reinweg zum Vergnügen.

Zehn-Meter-Sprungturm sagt ja eigentlich kaum einer. Jeder weiß, was ein Zehner ist. Und jeder, der »Alfons Zitterbacke« gelesen hat, weiß, wie die Hinterbacken zittern, wenn man »nur« und erstmals einen Köpper vom Dreier machen muss.

Im Internet gibt es eine Zehner-Sprungturm-Liste (www. splash-diving.com – wieso muss das heutzutage alles Englisch sein?), die leider nicht wächst, eher kürzer wird. Von Allersberg bis Zwickau stehen in der deutschen Bäderlandschaft nicht mal mehr 90 Sprungtürme dieser Höhe herum. Ist das auch ein Zeichen der männlichen Verweichlichung? Aber es springen doch auch Frauen olympisch und weltmeisterlich vom Zehn-Meter-Brett, oder?

Der Zehner ist eine aussterbende Spezies, müsste auf die Rote Liste der gefährdeten Menschheitsvergnügungen gesetzt werden. In Thüringen kann man diesen nervenkitzelnden Fall nur noch in Saalfeld, Eisenberg und Friedrichroda erleiden oder genießen.

Was einen Zehner-Springer gar nicht interessiert, ist, dass die für ein gefahrloses Springen, vor allem für Kopfsprünge, erforderliche Wassertiefe nicht proportional zur Absprunghöhe steigen muss, sondern weniger stark anwächst. Bei einem Drei-Meter-Brett ist eine Beckentiefe von 3,50 Metern üblich, bei einem Fünfer etwa vier Meter und bei einem Zehner eine Wassertiefe zwischen viereinhalb und fünf Metern. Beruhigend ist es schon. Ja, und wer schon einmal auf die Wasseroberfläche aufgeklatscht ist, weiß, wie betonhart die bremsen kann.

Und, stolze Zehnerspringer, wer ist schon mal von der Klippe gesprungen? Nachts vielleicht gar, mit Fackeln in den Händen. Nun, man kann auch gefahrloser sein Geld verdienen.

Adresse Schwanseebad, Hermann-Brill-Platz 2, 99423 Weimar | **ÖPNV** Bus Linien 5 und 8, Haltestelle Hermann-Brill-Platz | **Anfahrt** über Schwanseestraße bis zum Bad, Parkmöglichkeiten in unmittelbarer Nähe | **Öffnungszeiten** Mitte Mai–Mitte Sept. Mo–Fr 8–20 Uhr, Sa, So, Feiertage 9–18 Uhr | **Tipp** An das Schwanseebad grenzt die Asbachstraße. Die geraden Hausnummern 18 bis 50 bilden ein Denkmalensemble der Reformarchitektur im ersten Viertel des 20. Jahrhunderts.

110_Der Zwiebelmarkt

Das furzügliche Gemüse

»Don't miss«, steht im Werbeflyer für den Zwiebelmarkt: Das sollten Sie nicht verpassen! Weimar steht seit über 360 Jahren immer Mitte Oktober im Zeichen des blähenden Wurzelgemüses. Den »Viehe- und Zippelmarckt« gibt es seit 1653. Das »Viehe« wird mittlerweile nur noch im verzehrfertigen Zustand vermarktet. Aber Zwiebeln gibt es auf dem Markt in jeder Form: Zwiebelkuchen, Zwiebelsuppe, im berühmten Zwiebelzopf oder im Gesteck. Und wenn der Vati der Mutti vor lauter Begeisterung eine hintendrauf haut, ruft sie verärgert: Das hat aber gezwiebelt!

Zwiebelsaft macht zähes Fleisch zart. Zwiebeln senken Blutdruck und stehen in einer Front mit dem Menschen in seinem ständigen Kampf gegen Bakterien. Zwiebelsaft oder -sirup kommt als Antijuck auf Insektenstiche. Furunkel, hört man munkeln, würden verschwinden. Na ja, bei dem Geruch!

Noch zu Zeiten, da Johann Wolfgang die Thüringer Zwiebel als Würz- und Heil- sowie als innenarchitektonisches Dekorationsmittel für sich entdeckte, war das lagerfähige Gemüse winterlicher Vitaminspender, für manchen gar Über-Lebens-Mittel.

Mehr als 300.000 Besucher lassen sich alljährlich das dreitägige Fest nicht entgehen. Die Gäste genießen den Ausnahmezustand. Weimarer wissen, dass die Heldrunger Zwiebelverkäufer auch an ruhigeren Tagen auf dem Markt stehen. In den 70er Jahren des vorigen Jahrhunderts wurde nur einen Tag gefeiert. Trotzdem gingen 32.000 Zwiebelzöpfe über die Markttische – rund 100 Tonnen Zwiebeln – und zum Schluss viele Besucher doch noch leer aus. Heute feiert man wieder drei Tage mit großem Zwiebelkuchenanschnitt, mit historischen Marktständen, Ritterspielen, vielfältigen Bühnenprogrammen. Und natürlich jedes Jahr mit einer frisch gekürten Zwiebelmarktkönigin. Da bisher keine Männerquote eingeführt wurde, dürfen sich ausschließlich Frauen aus Weimar, dem Weimarer Land oder der Zwiebelmetropole Heldrungen bewerben.

Adresse in der gesamten Innenstadt | ÖPNV einen Bus bis Goetheplatz nehmen, weiter zu Fuß | Anfahrt zum Zwiebelmarkt weiträumig weg vom Zentrum parken und laufen; zusätzliche Parkmöglichkeiten und Park-and-ride ausgewiesen | Öffnungszeiten immer am zweiten Wochenende im Oktober; tagsüber bis Mitternacht | Tipp Meist am selben Wochenende im Oktober findet der traditionelle Obstmarkt im denkmalgeschützten Rundplatzdorf Tiefengruben, südlich von Weimar, bei Bad Berka statt.

111_Gnadenlos schick

Endlich was mit Menschen

Aus rechtlichen Gründen sind auf den Fotos dieses Buches so gut wie keine Menschen zu sehen. Aber zu guter Letzt und ganz außerhalb der alphabetischen Reihenfolge müssen jetzt noch Menschen, vor allem Menschinnen, ins Bild gerückt werden: die Damen und wenigen Herren des verrückten Modetheaters »Gnadenlos schick«. Der Ort, wo die Ideen zu Kleidern werden, ist nicht sehr fotogen.

Die Chefin des Modetheaters hat in Halle studiert und war danach eine von 30 Designerinnen und Formgestalterinnen der »Zentralen Entwicklungsstelle für Wohnraumleuchten« in Leipzig. Eine tolle Truppe muss das gewesen sein, die Partys feierte und sich gern gemeinsam einen auf die Lampe goss. Manchmal sitzt die Modetheaterchefin heute vor dem TV-Gerät, und neben ihr gerät ihr Ehemann aus dem Häuschen, weil er im MDR-Tatort oder einem anderen im Osten Deutschlands spielenden Film eine echt schöne Lampe entdeckt hat. Made by der Gattin. Die nähte nebenbei auch schöne Kleider und füllte damit eine DDR-Versorgungslücke. Als die Lust am Leuchtenbau schwand, baute sich eine große Lust auf, Mode zu machen und unterhaltsam-szenisch auf den Laufsteg zu schicken.

Als Laufsteg fungierte fortan so ziemlich jeder Ort: Galerieräume, Kulturhausbühnen, Rampen von LPGs, Cafés, Wohnzimmer, Produktionshallen, Dorfsäle, Straßen und Parkanlagen. Und da ist noch der Traum vom Auftritt beim zweitgrößten Karnevalsumzug der Welt auf Teneriffa. Eine Zwei-Frauen-Abordnung war schon auf Schnupperkurs dort und sorgte für viel Amüsement.

Zu einem festen Weimarer Kulturtermin hat sich die alljährliche »Gnadenlos-schick«-Schau im »mon ami« entwickelt. Volles Haus an einem Abend führte zum vorsichtigen Angebot eines zweiten Abends. Wieder voll. Nun wird man wohl drei Abende gnadenlos durchziehen müssen: knallbunt und geschmackvoll, skurril und augenzwinkernd seriös, zu passender Musik tänzelnd. Einfach schön!

Adresse Modetheater »Gnadenlos schick«, Christel Schöne, Am Schießhaus 30, 99425 Weimar, www.gnadenlos-schick.de | Öffnungszeiten Wer das Modetheater engagieren will, nehme das Telefon in die Hand und wähle 03643/400700 oder bewege sich auf die Homepage, um sich einen Eindruck zu verschaffen, was so alles angeboten wird. | Tipp Das »mon ami« am Goetheplatz heißt auch Jugend-, Kultur- und Bildungszentrum, ist aber offen für Menschen jeden Alters und bietet Veranstaltungen verschiedenster Art, auch Kino.

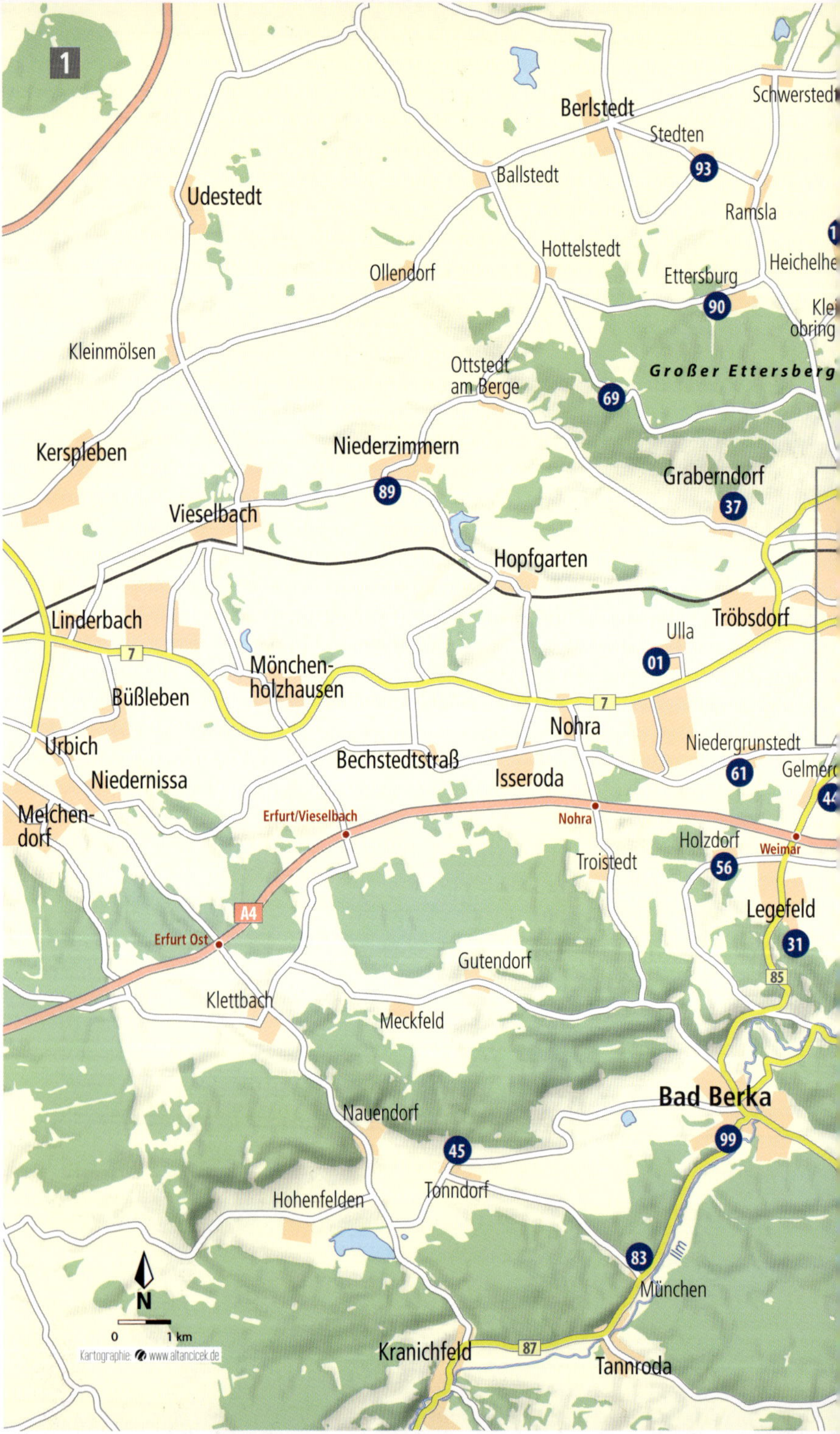
1
Berlstedt
Schwerstedt
Stedten
93
Ballstedt
Ramsla
Udestedt
Hottelstedt
Ettersburg
Heichelhe
Ollendorf
90
Kleinmölsen
Ottstedt am Berge
Großer Ettersberg
69
Kerspleben
Niederzimmern
Graberndorf
89
37
Vieselbach
Hopfgarten
Linderbach
Tröbsdorf
Ulla
7
01
Mönchen-holzhausen
Büßleben
Nohra
Urbich
Niedergrunstedt
Bechstedtstraß
61
Niedernissa
Isseroda
Melchen-dorf
Erfurt/Vieselbach
Nohra
Holzdorf
Weimar
Troistedt
56
A4
Legefeld
Erfurt Ost
31
Gutendorf
85
Klettbach
Meckfeld
Bad Berka
Nauendorf
99
45
Tonndorf
Hohenfelden
Ilm
83
N
München
0
1 km
Kartographie: www.altancicek.de
Kranichfeld
87
Tannroda

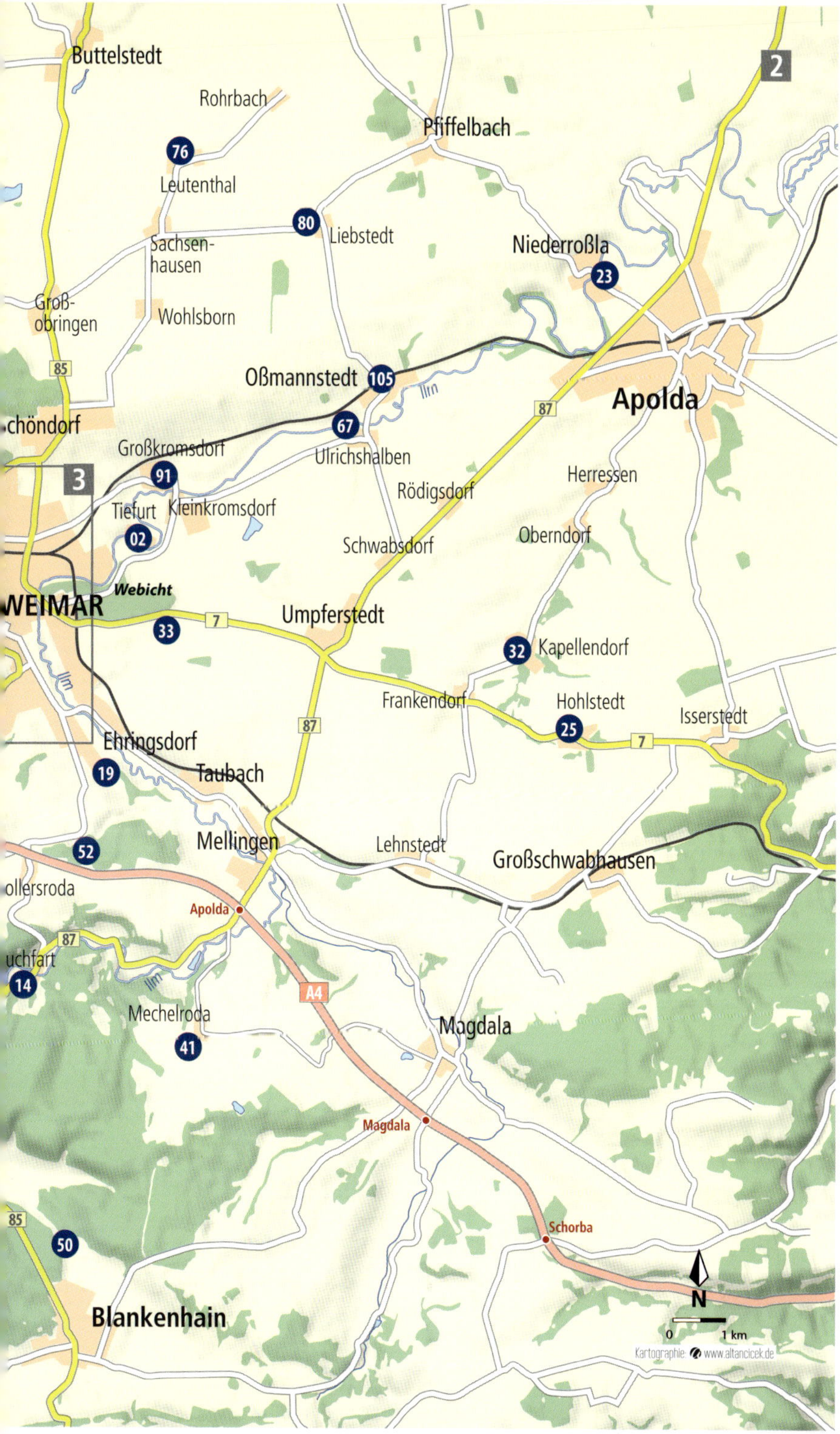

Buttelstedt
Rohrbach
Pfiffelbach
2
Leutenthal
Liebstedt
Niederroßla
Sachsen-
hausen
Groß-
obringen
Wohlsborn
Oßmannstedt
Apolda
Schöndorf
Großkromsdorf
Ulrichshalben
Herressen
3
Rödigsdorf
Tiefurt
Kleinkromsdorf
Schwabsdorf
Oberndorf
Webicht
WEIMAR
Umpferstedt
Kapellendorf
Frankendorf
Hohlstedt
Isserstedt
Ehringsdorf
Taubach
Mellingen
Lehnstedt
Großschwabhausen
Hollersroda
Apolda
Buchfart
Ilm
A4
Mechelroda
Magdala
Magdala
Schorba
Blankenhain
N
0
1 km
Kartographie: www.altancicek.de

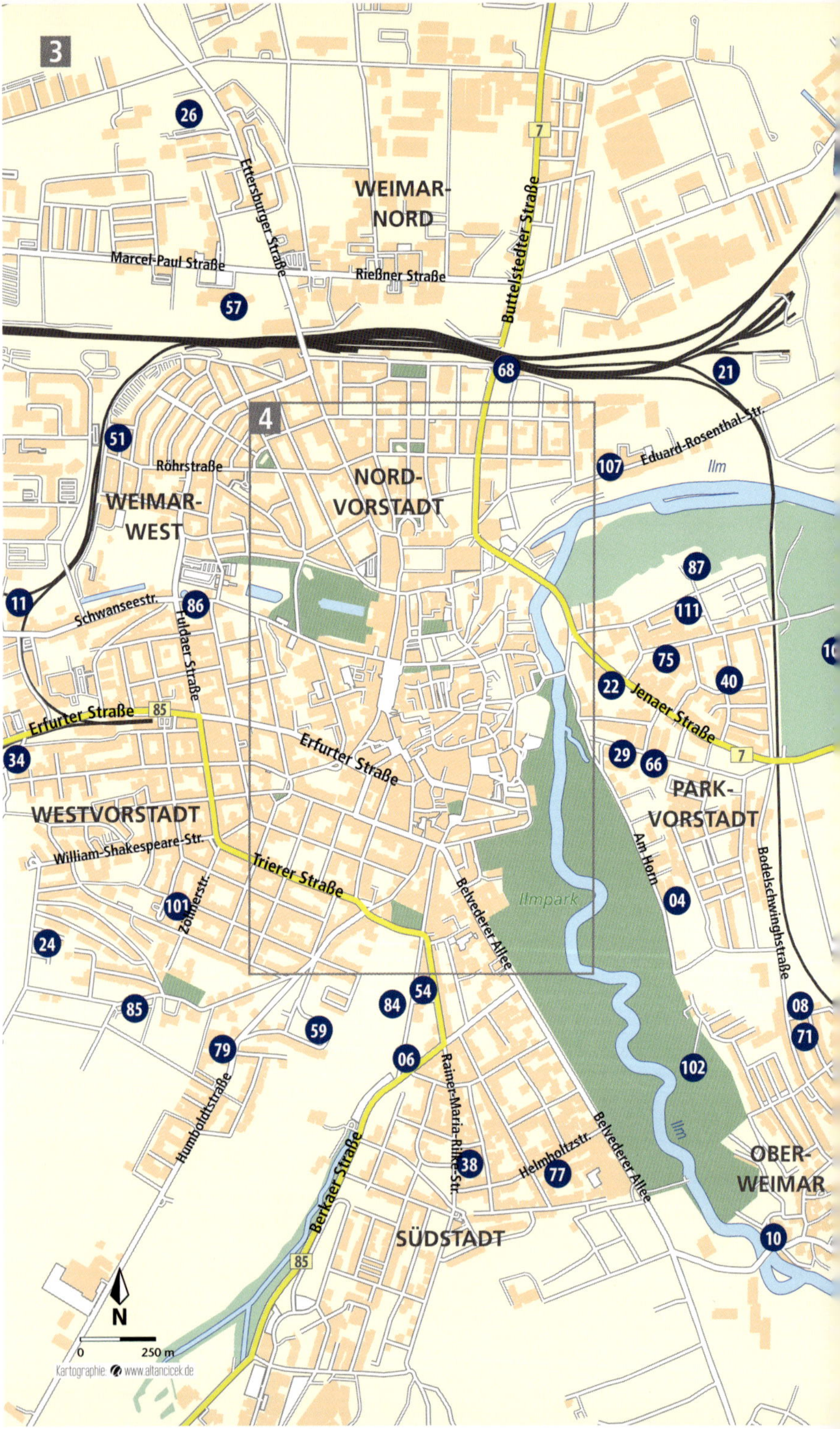
3
4
WEIMAR-NORD
Ettersburger Straße
Buttelstedter Straße
7
26
Marcel-Paul Straße
Rießner Straße
57
68
21
51
Röhrstraße
NORD-VORSTADT
WEIMAR-WEST
107
Eduard-Rosenthal-Str.
Ilm
87
11
Schwanseestr.
86
Fuldaer Straße
111
75
40
22
Jenaer Straße
Erfurter Straße
85
34
Erfurter Straße
29
66
7
PARK-VORSTADT
WESTVORSTADT
William-Shakespeare-Str.
Am Horn
Bodelschwinghstraße
Trierer Straße
Belvederer Allee
Ilmpark
101
Zöllnerstr.
04
24
54
84
85
59
08
71
79
06
Rainer-Maria-Rilke-Str.
102
Humboldtstraße
Ilm
Belvederer Allee
OBER-WEIMAR
Berkaer Straße
38
Helmholtzstr.
77
10
SÜDSTADT
85
N
0
250 m
Kartographie: www.altancicek.de

4
N
0
125 m
Kartographie: www.altancicek.de
Carl-von-Ossietzky-Straße
Röhrstraße
Döllstädtstraße
Friedrich-Ebert-Straße
Friedensstraße
Jenaer Str.
Karl-Liebknecht-Straße
Schwanseestraße
Graben
Jakobstraße
Goethe-platz
Rittergasse
Marktstraße
Markt
Theater-platz
Erfurter Straße
Schillerstraße
Steubenstraße
Lisztstraße
Prellerstraße
Frauenplan
Ackerwand
Trierer Straße
Humboldtstraße
Belvederer Allee
Ilmpark
95
46
103
28
72
70
36
18
65
47
62
78
82
05
16
55
13
12
88
74
49
15
48
42
43
39
60
98
92
27
17
09
07
64
20
03
96
97
63
30
53
35
94
81
108
73

Rüdiger Liedtke
111 Orte auf Mallorca, die man gesehen haben muss
ISBN 978-3-89705-975-7

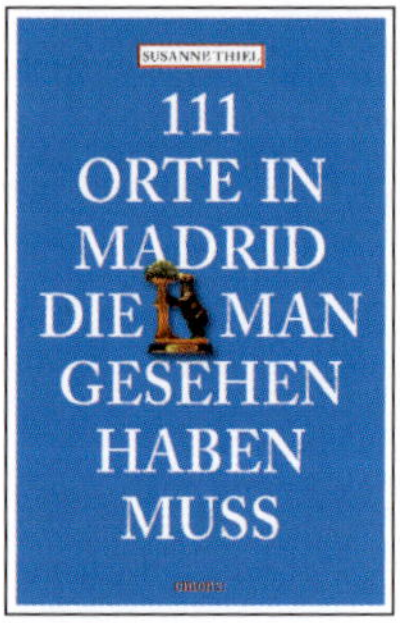

Susanne Thiel
111 Orte in Madrid, die man gesehen haben muss
ISBN 978-3-95451-118-1

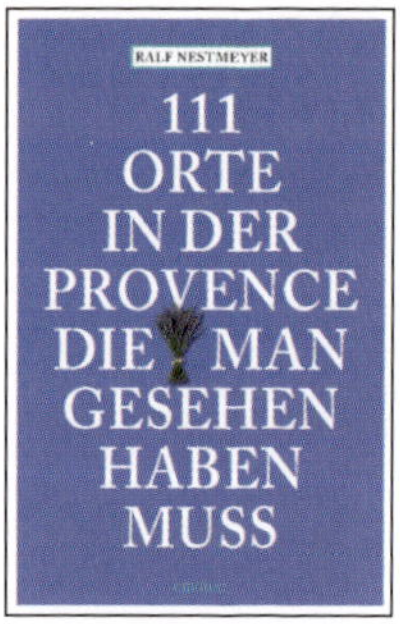

Ralf Nestmeyer
111 Orte in der Provence, die man gesehen haben muss
ISBN 978-3-95451-094-8

Peter Eickhoff
111 Orte in Wien, die man gesehen haben muss
ISBN 978-3-89705-969-6

Stefan Spath
111 Orte in Salzburg, die man gesehen haben muss
ISBN 978-3-95451-114-3

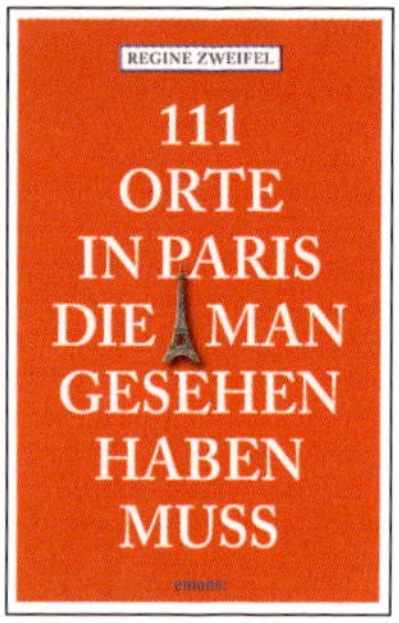

Regine Zweifel
111 Orte in Paris, die man gesehen haben muss
ISBN 978-3-89705-823-1

Dirk Engelhardt
111 in Barcelona, die man gesehen haben muss
ISBN 978-3-95451-066-5

John Sykes
111 Orte in London, die man gesehen haben muss
ISBN 978-3-95451-117-4

Lucia Jay von Seldeneck, Carolin Huder, Verena Eidel
111 Orte in Berlin, die man gesehen haben muss
ISBN 978-3-89705-853-8

Peter Eickhoff
111 Düsseldorfer Orte, die man gesehen haben muss
ISBN 978-3-89705-699-2

Fabian Pasalk
111 Orte im Ruhrgebiet, die man gesehen haben muss
ISBN 978-3-89705-814-9

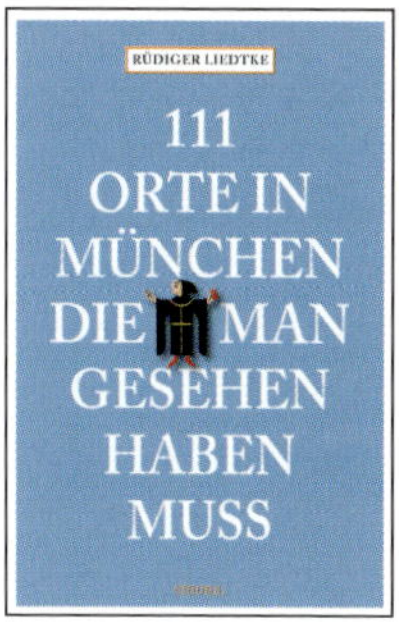

Rüdiger Liedtke
111 Orte in München, die man gesehen haben muss
ISBN 978-3-89705-892-7

Gabriele Kalmbach
111 Orte in Dresden, die man gesehen haben muss
ISBN 978-3-89705-909-2

Oliver Schröter
111 Orte in Leipzig, die man gesehen haben muss
ISBN 978-3-89705-910-8

René Förder
111 Orte in Sachsen-Anhalt, die man gesehen haben muss
ISBN 978-3-89705-911-5

Rike Wolf
111 Orte in Hamburg, die man gesehen haben muss
ISBN 978-3-89705-916-0

Thomas Baumann
111 Orte in der Kurpfalz, die man gesehen haben muss
ISBN 978-3-89705-891-0

Bernd Imgrund
111 Kölner Orte, die man gesehen haben muss
Band 1
ISBN 978-3-89705-618-3

Daniela Bianca Gierok
und Ralf H. Dorweiler
111 Orte im Schwarzwald, die man gesehen haben muss
ISBN 978-3-89705-950-4

Barbara Goerlich
111 Orte auf der Schwäbischen Alb, die man gesehen haben muss
ISBN 978-3-89705-948-1

Lucia Jay von Seldeneck,
Carolin Huder, Verena Eidel
111 Orte in Berlin, die Geschichte erzählen
ISBN 978-3-95451-039-9

Stefanie Jung
111 Orte in Mainz, die man gesehen haben muss
ISBN 978-3-95451-041-2

Gabriele Kalmbach
111 Orte in Stuttgart, die man gesehen haben muss
ISBN 978-3-95451-004-7

Dietmar Bruckner, Jo Seuß
111 Orte in Nürnberg, die man gesehen haben muss
ISBN 978-3-95451-042-9

Ulf Annel
111 Orte in Erfurt, die man gesehen haben muss
ISBN 978-3-95451-022-1

Oliver Schröter
111 Orte in Sachsen, die man gesehen haben muss
ISBN 978-3-95451-021-4

Reiner Vogel
111 Orte in Regensburg, die man gesehen haben muss
ISBN 978-3-95451-054-2

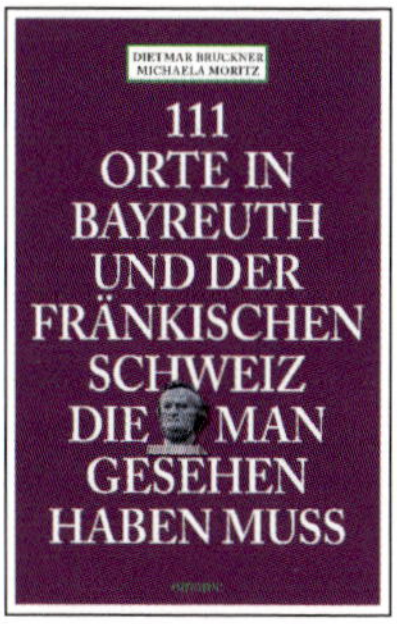

Dietmar Bruckner und
Michaela Moritz
111 Orte in Bayreuth und der Fränkischen Schweiz, die man gesehen haben muss
ISBN 978-3-95451-130-3

Christina Kuhn und
Christian Löhden
111 Orte in der Pfalz, die man gesehen haben muss
ISBN 978-3-95451-085-6

Monika Salchert
111 Museen in NRW, die man gesehen haben muss
ISBN 978-3-95451-107-5

Stefanie Jung
111 Orte in Rheinhessen, die man gesehen haben muss
ISBN 978-3-95451-082-5

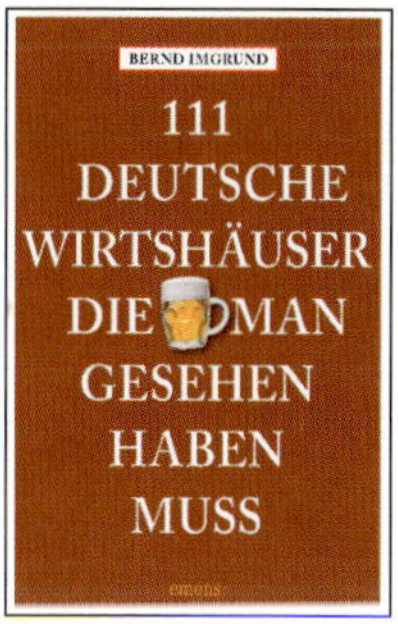

Bernd Imgrund
111 deutsche Wirtshäuser, die man gesehen haben muss
ISBN 978-3-95451-080-1

Cornelia Kuhnert
111 Orte in Hannover, die man gesehen haben muss
ISBN 978-3-95451-086-3

Dietlind Castor
111 Orte am Bodensee, die man gesehen haben muss
ISBN 978-3-95451-063-4

Ralf Koss und Stefanie Kuhne
111 Orte im Bergischen Land, die man gesehen haben muss
ISBN 978-3-95451-027-6

Bernd Imgrund
111 Orte in der Eifel, die man gesehen haben muss
ISBN 978-3-95451-003-0

Der Autor

Ulf Annel, geboren 1955, ist eine Erfurter Puffbohne (wie sich in der Thüringer Landeshauptstadt Geborene nennen dürfen). Er studierte Journalistik, war Radioredakteur und gehört seit 1981 zum Ensemble des Kabaretts »Die Arche«/Erfurt. Er schrieb unter anderem die Bücher »Grünes Herzchen« und »Die unglaubliche Geschichte Thüringens«, außerdem Kurzkrimis, Anekdotenbücher über Ringelnatz und Schiller sowie Kabaretttexte, Hörspiele und Kindergedichte. Im Emons Verlag erschien »111 Orte in Erfurt, die man gesehen haben muss«.

Die Fotografin

Juliane Annel, geboren 1982 in Erfurt, studierte Pädagogik und Kunst. Nach dem Studium leitete sie Kinderateliers auf Fuerteventura und Kos und tourte durch Australien. Derzeit ist sie Lehrerin an einer freien Schule mit Montessori-Ausrichtung in Erfurt. Mehr als zehn Jahre lang war sie Mitglied der »Imago«-Kunstschule in der Thüringer Landeshauptstadt. Sie fotografiert seit Schulzeiten.